AF300147

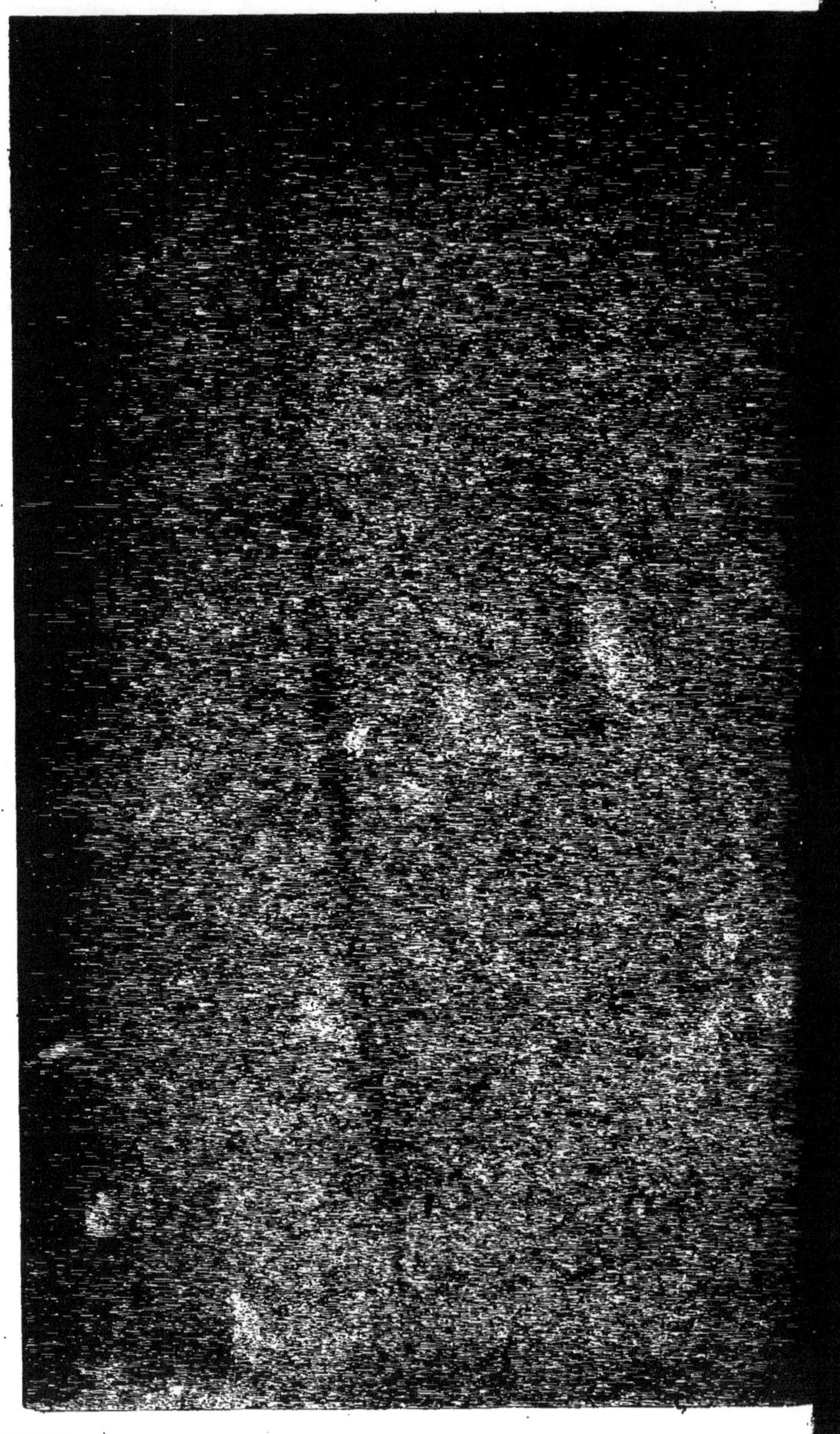

HISTOIRE

DE

LA COMPAGNIE DES INDES

HISTOIRE

DE LA

Compagnie

des Indes

PAR

Charles MONTAGNE

PARIS

ÉMILE BOUILLON, ÉDITEUR

67, RUE RICHELIEU, 67

1899

SALLE B
ACQUISITION
N° 9304

BIBLIOTHÈQUE NATIONALE
R.F.
IMPRIMÉS.

INTRODUCTION

Fabuleuse, sanglante, héroïque, tumul-
tueuse, mêlée parfois — hélas ! — de conflits,
de haines, de rivalités intestines, l'épopée de
la Compagnie des Indes se déroule avec des
péripéties de roman.

Quel fracas ! quelle confusion ! quelles
intrigues ! quelles compétitions emplissent
le siècle, les deux règnes où tient à peu
près son histoire ! Histoire extraordinaire ;
celle d'une marine marchande qui serait
une marine de guerre, d'armateurs qui
seraient des conquérants, de capitaines qui
seraient des représentants de commerce.
Histoire déconcertante, disparate où se con-
fondent le grand-livre et les ordres du jour,
les actions au porteur et les belles actions

anonymes, les comptes courants et les faits
d'armes, la poudre d'or et le sang.

Il s'agit de conquérir des comptoirs et des
empires, d'acquérir de la gloire et des trésors.
Les Anglais sont nos rivaux. Que de déceptions! que de convoitises! Déchaînées, implacables, les passions fermentent, bouillon-
nent, déferlent, telles les vagues en courroux.

Mais, sans souci de ses défaites, la Puissance Britannique patiente, adroite, envieuse,
avide, ne se lasse pas d'observer. Notre ex-
pansion coloniale la gêne, l'essor de notre
commerce l'irrite. Notre bonne foi, notre
courtoisie chevaleresque l'incitent à devenir
arrogante, à se montrer agressive. Sûre de
ses forces, confiante en ses ressources, elle
juge le moment opportun, décide de relever
son prestige, de frapper un grand coup. Et
voici que soudain, une nouvelle retentit, se
répand, invraisemblable et consternante :
Sans provocation de notre part, sans déclaration préalable, l'Angleterre a fondu comme
un oiseau de proie sur nos vaisseaux, s'est
emparée de trois bâtiments de guerre, de

ois cents navires de commerce, refuse de les restituer ! Mensonge ? non, vérité ! Il faut se rendre à l'évidence. Une guerre nouvelle commence, opiniâtre, néfaste, qui durera sept ans. D'un élan furieux des armées, des vaisseaux s'entre-choquent. Une clameur assourdissante monte vers le ciel. La terre se couvre d'une floraison de cadavres, l'océan engloutit des corps. Ère d'épreuves, de désastres, d'humiliations, de rages, dont le prélude est une félonie, et le terme, une spoliation.

Laissons ces tristesses, admirons plutôt les hommes d'action, fils de France, dont les figures glorieuses se détachent en relief, imposantes comme des symboles, sur le fond dramatique de l'histoire de la Compagnie. Saluons La Bourdonnais, la bravoure et la raison ; Dupleix, l'intrépidité, l'initiative et l'énergie ; Bussy, l'impétuosité et le sang-froid ; Lally, le martyr qui portera sa tête sur l'échafaud, l'innocent dont se détournera, dont se désintéressera le Roi par frivolité et par égoïsme.

N'oublions pas de mentionner le nom de celui qui fournit à ces vaillants l'occasion de se révéler ; de l'aventurier génial qui remania, paracheva, réédifia sur des bases grandioses l'œuvre du sage Colbert ; du financier à l'esprit chimérique, fertile en combinaisons ingénieuses, à la bouche dorée d'où coulaient inépuisables, persuasives, des paroles de mirages et de prodiges ; du prestigieux Law, enfin.

Tous ces hommes si dissemblables, éprouvèrent, à des degrés divers, la même fascination pour la terre luxuriante et somptueuse des Rajahs, et cette communauté d'impressions les unit, les lie, relie leurs existences éparses.

Oh l'influence des mots, leur magie ! Les Indes, c'était le faste, l'imprévu, le mystère ; c'était une faune redoutable, une flore opulente, sous un soleil de feu !

Leur imagination évoquait les larges, les vastes fleuves, les villes puissantes aux noms sonores, les horizons éblouissants. Au milieu d'une végétation exubérante, la nature en été chante et palpite ; de pieux contemplateurs consument leur vie à admirer les terrestres splendeurs. Des forêts parent d'un manteau éclatant la nudité du sol, donnent asile aux fauves féroces, au singe facétieux, aux souples serpents nonchalants, aux oiselets diaprés, pierreries animées et mobiles. Dans l'air, vibrent, bruissent, tournoient, comme une poussière d'or, mouches et abeilles ; tandis que le tigre somnole au fond des jungles et que l'hippopotame informe écrase sous sa masse pesante les roseaux et les lotus bleus...

Triomphe et décadence, voici que les événements se précipitent et que la Fortune, après avoir porté la Compagnie des Indes à son apogée, la délaisse, l'abandonne, la fuit. Vainement, un siècle durant, la Compagnie poursuivi son œuvre géante : les revers surviennent, l'assaillent, lorsque de nos immenses et plantureux parterres exotiques, de nos jardins enchantés, il ne nous reste plus que de modestes fleurs.

Elle succombe, elle est dissoute enfin !

Qu'importe ? Ses efforts ininterrompus, longs, pénibles ne restent pas stériles, ne seront pas perdus. Elle ne disparaît pas, mais se transforme. Sous l'influence de la crise, elle s'épure, comme en un creuset, le métal. Résultat réconfortant, inespéré, magnifique : Si son monopole, synthèse de nombreux monopoles, s'effondre, le commerce affranchi naît à la liberté.

Quel élan, dès lors, soulèvera, lancera le peuple entier à la conquête économique. Quelle apothéose, ensuite, coïncidera presque avec l'époque où, violente et salutaire, éclatera la tourmente qui régénérera l'humanité !... Temps héroïques, temps sublimes, de raison, d'activité fébrile et de hautes aspirations.

Exposer impartialement des faits simplifiés ; écrire, sous une forme que nous nous sommes efforcés de rendre pittoresque, saisissante, un récit clair, allégé d'arides statistiques, d'énumérations fastidieuses ; vulgaiser l'histoire de la Compagnie des Indes, en un mot, tel a été notre but.

Nous avons délaissé, en conséquence, tout ce qui n'a pas un rapport direct avec notre sujet.

Un exemple :

Nous parlons de la Révocation de l'Édit de Nantes, erreur monstrueuse et déplorable d'un Gouvernement illusionné sur sa puissance ; par contre, nous ne nous étendons pas sur les conséquences funestes de la Ligue d'Augsbourg née, d'ailleurs, de la Révocation, en quelque sorte.

Et puisque, dans ce préambule, il est question de ces deux fléaux : la Révocation, la Coalition, rappelons, en terminant, que tout en lésant gravement les intérêts de la nation, cette double cause d'appauvrissement et de calamités n'influença pas nos succès commerciaux en Orient.

Cette particularité mérite d'être signalée, soulignée (1).

CHARLES MONTAGNE.

(1) A ce sujet, nos lecteurs nous sauront gré de placer sous

leurs yeux les lignes suivantes que nous devons à M. Albert Vandal, l'écrivain savoureux, l'historien éminent :

« Dans le Levant, notre commerce, après avoir fleuri
« sous les Valois et sous Henri IV, avait périclité pendant
« la première moitié du xviie siècle. Louis XIV et Colbert
« surent le relever. Par de persévérants efforts, Colbert et
« ses successeurs remirent l'ordre parmi les marchands,
« assurèrent la régularité et la sécurité de leurs opéra-
« tions : en 1673, de nouvelles Capitulations furent obte-
« nues de la Porte et nous conférèrent de précieux avan-
« tages. Notre commerce put ainsi soutenir la concur-
« rence des Anglais et des Hollandais, distancer peu à
« peu ces rivaux et ressaisir finalement une supériorité
« qui allait s'affirmer au xviiie siècle avec un grand éclat.
« La seconde moitié du règne de Louis XIV marque le
« début de cette reprise et de cette lente ascension vers
« de glorieux sommets. »

HISTOIRE

DE

LA COMPAGNIE DES INDES

I

Tout est utile même le mal.

Louis le Grand, autrement dit Louis XIV, était mort. Le surnom dont ses courtisans l'avaient gratifié de son vivant s'accouplait mal avec la situation où il laissait la France.

Sans parler de l'état moral du pays et du discrédit profond où s'étaient abîmés les deux principes que le défunt cherchait précisément à sauvegarder ; l'autorité religieuse et le prestige monarchique, et pour nous en tenir à l'état matériel des choses en France, on sait ce qu'il était à ce moment de notre histoire.

La prospérité fondamentale des peuples, le travail, était mort ; la Révocation de l'Édit de Nantes l'avait tué. On connaît les effets de cet acte inique, autant qu'odieux, inspiré par les confesseurs du Roi : exclusion des protestants de toutes les charges publiques, du barreau, de l'armée et de la médecine, puis des situations industrielles ; intolérances de toutes sortes et vexations des petites gens, tant dans les villes que dans les campagnes.

Tout ce que les mots de confiscation, de pillage, de dévastation des propriétés, de rapts d'enfants, de dragonnades, de galères, de gibet, de roue expriment de brutalités odieuses et sanguinaires, devint le lot des religionnaires, sans aucune excuse de méfait quelconque ou de révolte.

Et cela s'exécutait froidement, méthodiquement, car il n'existait ni résistance, ni lutte ; c'était du fanatisme calculé, sans que l'on songeât seulement au mal que l'on infligeait à tout le pays, en livrant une multitude de malheureux, sans défense, à tout ce qu'on peut inventer de tortures et de douleurs.

Que faire en présence de telles exactions ? On prenait la fuite quand l'occasion s'en présentait ; on s'échappait de France par toutes les frontières, on s'embarquait clandestinement dans tous les ports, en quête d'une patrie nouvelle.

Et notons que ceux qui prenaient part à cet exode, et dont le nombre est évalué à quinze cent mille, formaient la partie la plus intelligente et la plus ingénieuse des travailleurs nationaux.

Par le fait même de leur acceptation d'un dogme plus affranchi de superstition, et plus conforme à la raison, ils témoignaient d'un état intellectuel supérieur et dès lors plus apte à concevoir des nouveautés, à faire progresser les procédés du travail.

Aussi avait-on pu remarquer, dès les premiers temps de la réforme et de ses progrès en France, que le personnel des manufactures, ou des ateliers de toute sorte, réunissait un nombre relativement considérable de protestants.

Qu'advint-il ? C'est que les mesures persécutrices commençant, dans les États catholiques, le mouvement d'immigration se produisant vers les États protestants, ce que ceux-ci gagnèrent fut ce que les autres possédaient de meilleur, ce qui rendait la perte doublement sensible pour ces derniers.

C'est même ainsi que, dès avant la révocation de l'Édit de Nantes, l'émigration protestante de France avait fécondé l'industrie anglaise à nos dépens. Il en avait été de même à Amsterdam où, sur la fin du XVIe siècle, s'était constituée l'Église dite Wallonne, en laquelle se groupèrent des émigrants protestants de France et de Belgique. Ces Wallons enrichirent le pays qui leur avait été hospitalier.

Aussi, combien ce premier mouvement s'accentua et se généralisa dans tous les sens par l'effet de l'inique mesure de Louis XIV ! En outre de la Hollande et de l'Angleterre, combien d'autres tirèrent un immense profit du rayonnement d'une France plus pauvre !

La Suisse, l'Allemagne, la Prusse s'en partagèrent une large part, même la Russie, même les colonies anglaises de l'Amérique du Nord, et il n'y eut pas jusqu'au Cap de Bonne-Espérance qui ne vit une colonie de nos Religionnaires y créer le *Coin français*.

Le gain de toutes ces contrées, c'était nos propres pertes. Aussi, voyez le tableau des finances françaises après la révocation.

Pendant les cinq années de la gestion du Contrôleur général Lepelletier, de 1684 à 1689, le déficit était de 82 millions. Il s'éleva à 785 millions pendant les onze années de la gestion de Pontchartrain, de 1689 à 1699 ; puis il monta jusqu'à 1156 millions pendant les huit ans du contrôle de Chamillart, de 1699 à 1707, et le revenu ordinaire ne fournissait plus que 306 millions de livres.

Aussi la dette nationale se trouvait-elle être de 3 milliards 678 millions en 1715, au moment de la mort du Roi (1).

Politiquement, le nouveau règne s'ouvrait sous des auspices peu rassurants, avec un roi tout enfant et un Régent, homme aimable, mais dissipé, peu scrupuleux, de mœurs dissolues, tel qu'était le Duc d'Orléans.

Quoiqu'il en soit, il fallut s'occuper, sans retard, de l'état financier. Un édit parut, prescrivant la vérification et la liquidation des différents papiers pour les convertir en une seule espèce de titres dits *billets d'État*. Le but de cette conversion n'était autre que de faire

---

(1) Et non 2 milliards 400 millions ainsi que l'indiquent plusieurs historiens.

perdre aux papiers antérieurs deux, trois ou quatre cinquièmes de leur valeur, selon les catégories établies ; et cette espèce de banqueroute éteignit 330 millions de dette. Les billets d'État furent promptement frappés d'un discrédit de 70 à 80 pour cent.

Le Contrôleur général Desmarets, qui avait succédé à Chamillart, rendit ses comptes en un mémoire demeuré célèbre, et duquel il résultait que les revenus de l'État étaient dépensés jusques et y compris 1717 par des assignats anticipés.

D'autre part, une Chambre de justice avait été instituée pour faire rendre gorge aux gens d'affaires coupables d'abus dans les finances.

Il y en eut plus de 730 taxés ensemble à 160 millions de restitution. Mais un trafic s'établit pour la réduction de ces taxes, par l'intermédiaire des favoris, des maîtresses, des juges même, si bien qu'il n'en rentra qu'une faible part dans les coffres du Roi. On prit encore d'autres mesures pour arrêter le discrédit des billets d'État en leur fournissant des emplois, sans grand succès.

La situation était donc fort périlleuse. Ce n'était pas que l'argent manquât en France, mais il ne s'employait plus, par défaut de confiance, ce qui restreignait l'essor du travail et par suite stérilisait la source des revenus de l'État. Il fallait à tout prix déloger le numéraire de ses cachettes par un puissant appât à la cupidité et en même temps, faire accepter une représentation du numéraire en billets dont l'émission facultative permettrait de monnayer d'avance les fruits d'opérations commerciales, le bénéfice indéfini de celles-ci conservant aux billets une valeur fiduciaire non moins indéfinie. Il se trouverait par suite, dans ce papier, des ressources disponibles pour tous les besoins de l'État et un accroissement illimité de la fortune publique.

Un projet avait été conçu, sur ces données, dès l'année 1716 et, déjà même, avait reçu un commencement d'exécution par l'établissement de la Banque de Law ; car Law (1) n'était autre que l'inventeur de cette combinaison concertée avec le Régent.

Le but étant d'accréditer un papier au-dessus du numéraire, il fallait commencer par créer

(1) On a coutume de prononcer Lass, sans doute parce qu'on disait en anglais : Law's system, le système de Law, et que Law's se prononce à peu près comme Lass.

ce papier et lui attirer le crédit qui devait insensiblement le faire préférer aux espèces.

De là l'institution préalable de la Banque qui devint le pivot initial autour duquel devaient se grouper toutes les branches du système financier, économique et commercial de la France; la Compagnie des Indes en devait être un rouage.

Ce Law n'était pas le premier venu. Fils d'un orfèvre d'Édimbourg, habile banquier lui-même, il se présentait sous des dehors séduisants, beau physique, esprit vif, manières distinguées.

Aux qualités mondaines, au goût des plaisirs, il joignait l'amour des sciences et une grande aptitude aux spéculations du calcul, ce qui le rendit, toute sa vie, grand joueur, et joueur heureux.

L'étude des théories financières le captivait; il étudia à Londres les secrets du crédit et des opérations commerciales, puis à Amsterdam le mécanisme ingénieux de la Banque hollandaise. Il avait la plus grande et la plus sincère confiance dans le système que ses études financières lui firent imaginer.

Il l'avait cependant proposé sans succès au

Parlement d'Écosse, au duc de Savoie, Victor Amédée et, même, dit-on, à Louis XIV. Connaissant les embarras financiers de la France à la mort de ce Roi, il renouvela ses offres au Régent, en qui il trouva bien des affinités de nature avec lui-même, et, par suite, une grande inclination à l'écouter et à le comprendre.

D'ailleurs, à un moment où tant de gens, même le rigide Saint-Simon, proposaient la Banqueroute, une séduisante nouveauté qui semblait grosse de bienfaits, semblait, même dans le doute, avoir la préférence sur cette mesure extrême : la banqueroute.

« Il est de l'intérêt du Roi et du public, disait Law au Régent, d'abolir la monnoie d'or et d'assurer la monnoie de banque. La monnoie d'or tire sa valeur de la matière, qui est un produit étranger ; la monnoie de banque tire sa valeur de l'action d'une Compagnie commerciale qui est un produit de la France. L'action de cette Compagnie a, plus que l'or, les qualités essentielles pour devenir monnoie. Elle est plus portative, elle est divisible par sa conversion en billets de banque ; sa valeur est plus certaine et doit augmenter, pendant que celle de l'or doit diminuer. »

Et Law prouvait ses affirmations, alléguant que la quantité d'actions est fixée, que la quantité d'or augmente journellement, que l'or ne produit rien par lui-même, tandis que l'action produit ; que, le commerce de la Compagnie augmentant, l'action hausse, tandis que l'or peut être enlevé, arrêté dans sa circulation, etc...

Ce que voulait Law, c'était une banque dont le fonds réel serait les revenus de l'État ; et le fonds apparent et accessoire, un commerce quelconque. L'imagination réaliserait le bénéfice et exciterait le jeu au moyen d'actions créées en proportion de l'ardeur des joueurs ; et ces actions hausseraient, en même temps que cette ardeur les ferait multiplier par la nécessité d'y satisfaire.

Simultanément on discréditerait l'argent en rendant sa valeur incertaine par de fréquents changements, et la banque payerait en billets qui, rendus invariables, appelleraient la confiance et deviendraient préférables aux espèces. Le décri de l'argent en réduirait l'intérêt, et l'on en profiterait pour faire des emprunts et acquitter les dettes de l'État sans rien débourser ; car les particuliers ne sachant qu'en faire, le rapporteraient à l'État. Si on l'employait en achat de terres, de denrées, les marchandises augmenteraient et par suite, la recette des impôts et des droits.

Il y avait bien à redire à tout cela, car Law détruisait lui-même la base de son organisation en reconnaissant que la monnaie de papier avait besoin d'être soutenue par quelqu'autre crédit, et, dès lors, elle n'était pas aussi propre à devenir monnaie que l'or et l'argent. Mais ce qu'il y avait de spécieux dans le raisonnement disparaissait sous le reflet de l'infinie richesse dont la confiance pouvait doter le papier.

Au résumé, Law avait fait entrevoir au Régent deux grandes choses : l'établissement d'une banque et le remboursement des créanciers de l'État au moyen d'une Compagnie monopolisant tout le commerce. Se fondant sur la toute-puissance du crédit, il devait ainsi, par un papier-monnaie indéfiniment émissible, revivifier le commerce, et offrir à l'État d'inépuisables ressources en diminuant les impôts.

II

Le Régent se montrait donc favorable au système ; mais le Conseil des finances, l'ayant sagement repoussé, on se réserva d'y revenir indirectement et Law proposa alors une simple banque privée, établie à ses frais, ce qui lui fut accordé par un Édit du 2 mai 1716, portant privilège d'une banque dite générale pour vingt années.

Le fonds de la banque devait être de 1,200 actions, chacune de 3,000 écus de banque, soit six millions courants. Tout commerce par mer ou par terre, de commissions ou d'assurances, lui fut interdit ; mais elle pouvait escompter les billets ou lettres de change. Tous les billets de banque étaient payables à vue et non à terme, et défense était formulée d'emprunter à intérêt sous aucun prétexte.

Chacun restait libre de déposer son argent. La banque se chargeait de la caisse des particuliers, tant en recettes qu'en dépenses, et d'effectuer leurs paiements en deniers ou par virement des parties, moyennant cinq sous de banque par mille écus.

Par les délibérations de la banque, le fonds capital fut payé, les trois quarts en billets de l'État, le quart en argent. Les directeurs des monnaies dans les provinces furent chargés de la correspondance.

On ne délivrait point de billets qu'à profit, on le diminuait en faveur du commerce à mesure que le crédit de la banque augmentait.

Le haut prix de l'escompte, l'incertitude des monnaies favorisaient beaucoup l'établissement. Les négociants trouvant à cinq pour cent l'avance de leurs lettres de change en effets qui équivalaient à l'argent donnèrent de l'essor à leurs spéculations. Les manufactures travaillèrent, les consommations s'activèrent. Ceux qui apportaient de l'argent dans le commerce durent suivre le taux de l'intérêt dont la banque se contentait. L'usure cessa. On trouva plus de profit à apporter des denrées dans le commerce.

C'était là, en somme, un établissement sage, nécessaire et rendant les plus grands services. Le change remonta à notre avantage, et Law, en moins d'un an, réalisa toutes ses prévisions. Avec son fonds, il put émettre 50 et 60 millions de billets qui circulaient dans toute la France.

En présence de cet heureux début de l'institution nouvelle, le Régent n'hésita plus à lui prêter le concours gouvernemental.

Le 17 mars 1717, afin d'activer encore la circulation des effets de la banque, il fut ordonné que ses billets seraient reçus comme argent pour le paiement de tous droits et impositions dans les bureaux de recette des Fermes et autres revenus du Roi, et encore, que tous ceux qui étaient chargés du maniement des deniers du Roi seraient tenus d'acquitter à vue et sans aucun escompte, les billets de la banque qui leur seraient présentés. Par cet arrêt, sous apparence de simplification, on donnait à la banque le dépôt de tous les revenus publics, on marchait habilement vers le but.

Le Parlement de Paris repoussait cet arrangement, mais il lui fut imposé silence. Au fond, le défaut de forme légale, par le refus d'enregistrement de cette cour, aurait dû éveiller la méfiance du public ; mais la réduction fit tort à la clairvoyance, et la fièvre, qui tenait déjà Paris, s'étendit dans les Provinces. Le crédit de la banque se trouva ainsi à son apogée. Elle assigna sur-le-champ sept et demi pour cent d'intérêt.

« Si l'on n'eût pas dénaturé cet établissement, dit Forbonnais, le royaume changeait de face, malgré l'énormité de ses dettes que l'augmentation continuelle de ses revenus eut acquittées par degrés. Avec l'aide d'une administration active et éclairée, les moyens qu'une banque donne au commerce et à l'agriculture tendent au rétablissement des affaires. »

Aussi d'abord, tout sembla revivre en France. L'active circulation des billets releva l'industrie. L'altération des monnaies d'or et d'argent doubla sa confiance dans cette monnaie de compte qu'on crut à l'abri des variations. Le public fut ébloui. On se pressait pour échanger les métaux contre du papier. Comment la foi de Law dans son système n'aurait-elle pas été confirmée par un succès qui dépassait ses espérances ?

C'était un encouragement à développer son plan dont la banque n'était que le début et il se préoccupa, dès 1717, d'y joindre une Compagnie de commerce.

C'est ici, en réalité, le point d'insertion, sur la banque générale, de la greffe qui allait bientôt devenir la Compagnie des Indes, mais qui commença par n'être que la Compagnie d'Occident.

Celle-ci fut instituée et mise sous la direction de Law par lettres patentes du mois d'août 1717. Elle portait privilège exclusif du commerce de la Louisiane.

Law, qui avait promis de délivrer l'État de sa dette, s'y appliqua à cette occasion, la nouvelle création ayant pour objet de retirer du public cent millions de billets de l'État qui, à cet effet, devaient seuls être admis pour le paiement des actions de la Compagnie d'Occident ; et comme les billets d'État perdaient alors 50 et 60 pour cent sur la place, l'amorce était attrayante pour tous ceux qui en détenaient, d'autant que la Louisiane s'annonçait comme un nouveau Pérou, plus fécond en or que celui des Espagnols.

Ces nouvelles actions étaient de 500 livres

chacune ; le montant total devait être converti en rente 4 pour cent, payable de six en six mois, et le produit de la première année seulement devait assurer le fonds de commerce de la Compagnie. Tout cela paraissait si avantageux à l'État que le Parlement enregistra sans difficulté.

La découverte et l'exploration de la Louisiane ne dataient pas de loin. Elles étaient dues à M. de la Salle et avaient eu lieu vers la fin du XVIIᵉ siècle. Le premier établissement français y avait été créé dans la baie de Biloxi, en 1699, par M. d'Herville, capitaine de vaisseau. Le pays comprenait d'ensemble toute la région dont le Mississipi inférieur et ses affluents formaient les artères. De là le nom de Compagnie du Mississipi fréquemment donné à la Compagnie d'Occident ?

Comment s'était établie la réputation d'Eldorado faite à la Louisiane.

Quand les Espagnols, bien antérieurement à M. de la Salle, s'étaient portés, sous la conduite de Ferdinand de Sotto, à l'Occident du Mississipi, vers le nouveau Mexique, ce n'avait été que sous la stimulation de récits recueillis par eux et qui indiquaient cette région comme très riche en or. La tradition avait sans doute perpétué cette croyance dont les Européens n'avaient pas été à même, jusque-là, de vérifier l'exactitude ; et, ce qui avait dû contribuer à justifier la tradition, et la répandre en Europe, c'était une relation insérée au Mercure galant de novembre 1711, laquelle avait été trouvée au Canada, et avait trait à un voyage aventureux de dix Français dans la région dont il est question. Il en résultait que ces aventuriers avaient rencontré là un peuple hospitalier chez qui l'or se trouvait en si grande abondance qu'ils avaient pu en emporter assez pour que la quote-part de chacun fût de 240 livres. Cet or était extrait de montagnes voisines d'où descendaient des ruisseaux dont le lit, à sec une partie de l'année, servait de chemin pour le transport du métal vers la ville capitale, laquelle s'étendait non loin d'une rivière nommée *Missi* par les indigènes, ce qui voulait dire *rivière d'or*.

Rien ne se trouvait plus propre que ce récit à confirmer la légende d'un Eldorado dans ce pays, avec cette circonstance, que le nom de *missi* par son rapport avec celui de *Mississipi*, était bien fait pour produire une confusion et faire attribuer à ce dernier nom la signification de l'autre, bien que le nom de Mississipi ne soit autre que celui que donnaient les Lénapes au grand fleuve et formé des deux mots *Mamasi- sipu,* qui signifient *rivière aux poissons.* D'autres prétendent encore que dans la langue des sau- vages ce nom est *Meschassipi,* et signifie le Grand fleuve.

Mais peu importe ; Mississipi devint en France synonyme d'Eldorado, de pays où l'on s'enrichit, si bien qu'on appela Mississipi la fa- meuse rue Quincampoix où se centralisait le trafic financier relatif aux opérations de Law, au temps de son triomphe, et tous ceux que ce trafic avait enrichis étaient des *Mississipiens.*

Tout semblait donc concourir, sous le nom de Compagnie d'Occident, à la bonne fortune qui jusque-là s'était attachée aux opérations de Law.

Il nous semble que ce que nous avons dit jusqu'ici du système de notre célèbre financier, loin d'être étranger à notre sujet, en constitue un préambule nécessaire, puisque la Compagnie des Indes, née de la Banque, ne tarda pas à comprendre dans sa mission la gestion, puis la liquidation des affaires de sa mère. En tout cas, nous pensons aborder le fond même de la question en traitant de la Compagnie d'Occident et de ses annexes, antérieurement à leur fusion en Compagnie des Indes, puisque leurs droits et privilèges étaient appelés à devenir ceux de la Compagnie des Indes, par le fait de cette fusion.

La Compagnie. d'Occident était le début d'une série d'opérations destinées à fournir des débouchés au papier de banque dont la France était inondée ; par là, on le convertissait en d'autres plus spécieux tels que ces actions de la Compagnie d'Occident dont la prospérité devait s'accroître indéfiniment par les réunions projetées.

Mais d'abord, la nouvelle compagnie s'occupa de sa première concession : la Louisiane. Elle y créa, dès 1717, un établissement à la baie Saint-Joseph, où se trouve le meilleur port de ces parages. Elle envoya un Gouverneur avec des troupes et fit élever des fortifications. En même temps, elle expédiait des mineurs et des fondeurs aux Illinois, de la graine de vers à soie à La Mobile, et des ouvriers pour la culture du tabac ou autre ; car, prenant possession d'un pays neuf, d'ailleurs très fertile, le défrichement des terres et le soin de les mettre en rapport rentraient dans les obligations de sa concession, conjointement avec les opérations commerciales.

L'envoi d'ouvriers mineurs et fondeurs répondait à la préoccupation fondamentale du moment, celle qui avait eu la plus grande part dans le prestige des actions de la Compagnie, savoir, l'exploitation des mines d'or que l'on croyait abonder sur les rives du Mississipi et qui, en réalité, ne s'y trouvaient pas représentées par un seul filon.

On se demande si Law partageait la croyance populaire à cet égard. Il est certain que ce fut là sa principale réclame en faveur de la Louisiane, et que ce fut celle qui provoqua la frénésie avec laquelle on se disputa les actions. En tous cas, on peut admettre que, vu la faveur que cette croyance valait à son entreprise, il préféra la partager sans trop en approfondir les origines. Mais on lui reprocha l'erreur comme une tromperie, et le bruit qui courut à un certain moment que des lingots d'or de la Louisiane étaient arrivés à l'Hôtel des monnaies de Paris fut ensuite considéré comme une manœuvre dont l'intérêt qu'il y trouvait le fit passer pour l'auteur.

Quoi qu'il en soit, la Louisiane n'ayant conservé aucune trace de travaux de mines d'or, il semble qu'ils ne durent pas être envisagés trop au sérieux.

La Compagnie qui visait plutôt au commerce qu'à l'agriculture voulut d'abord imiter le précédent concessionnaire, le sieur Crozat, dans ses essais de relations commerciales avec les Espagnols du Mexique. On envoya en conséquence un négociateur, le sieur Saint-Denis, qui se rendit par terre dans la nouvelle Espagne ; mais il y fut arrêté, et son bagage séquestré par l'ordre du Vice-Roi. Il n'obtint son élargissement que beaucoup plus tard, et encore, afin qu'en s'en allant, il fit voir par quelle route il était venu pour permettre aux Espagnols de tenter quelque chose de leur côté. Ils ne tardèrent pas en effet à venir s'établir sur les ruines d'un fort français dans la baie de Saint-Louis, puis, se postant plus au nord, et avec l'aide de familles amenées des Iles Canaries, ils fondèrent la ville de San Fernando, puis, à la file, de nouveaux postes.

La Compagnie d'Occident savait tout cela et laissait faire, se flattant que ces établissements favoriseraient le projet chimérique de commerce qu'elle formait; mais elle s'aperçut bientôt qu'elle était dupée et, lorsqu'elle essaya de reprendre sa propriété, elle s'y prit trop tardivement.

Comme la guerre survint, en janvier 1719, entre la France et l'Espagne, le port espagnol de Penzacola fut pris, puis perdu, puis repris, et enfin rendu à la paix. La Compagnie revint alors à sa nonchalance, portant son siège d'un lieu à un autre, sans cesser de voir la malechance s'attacher à ses pas.

Le vieux Biloxi fut renversé par le vent, le nouveau détruit par le feu, et les ports de l'Ile aux Vaisseaux et de l'Ile Dauphine comblés par un furieux ouragan, jusqu'au moment enfin où l'on eut la bonne inspiration de fonder la Nouvelle Orléans, sur la rive gauche du Mississipi, à 35 lieues au-dessus de son embouchure. Ce fut là désormais le port, le chef-lieu et le magasin de la province. Ce fut ce que la Compagnie d'Occident fit de mieux à la Louisiane.

La culture du tabac avait paru à la Compagnie devoir offrir des ressources importantes, aussi se rendit-elle adjudicataire de la ferme du tabac pour 4,020,000 livres, afin de favoriser ses plantations de la Louisiane.

Elle avait aussi le droit exclusif du commerce du castor au Canada et elle s'efforça, par tous les moyens, de diminuer la contrebande de ce produit. Elle distribua des gratifications au Canada et fit acheter sous main tous les castors arrivés par les vaisseaux du Roi, afin de soutenir ses prix, tant en Hollande qu'en France.

Ce commerce du castor avait éprouvé bien des vicissitudes, depuis sa création en monopole, au profit de la Compagnie de la Nouvelle France, en 1628, laquelle ne pouvant soutenir ses engagements, avait abandonné la place aux Hollandais. Ce fut pour retirer ce commerce de leurs mains, que le Roi en donna le privilège à une Compagnie des Indes occidentales, en mai 1664. Puis, cette compagnie supprimée, il tomba dans le domaine du Roi, en 1674. Mais, dès l'année suivante, il tomba dans les mains des adjudicataires de la Ferme d'Occident, dont cinq en jouirent successivement.

Les meilleures peaux de castor n'étaient pas payées, aux habitants du Canada, au delà de six livres. Le dernier de ces adjudicataires, Louis Guigne, avait fait construire, au faubourg Saint-Antoine, à Paris, une grande manufacture de chapeaux, au moyen de laquelle il écoulait les produits de son privilège commercial.

La colonie du Canada, trouvant que la remise du commerce du castor aux mains des fermiers du domaine d'Occident lui était préjudiciable, protesta, et fut admise à s'en charger elle-même en 1700. Cela dura environ 6 ans, au bout desquels la Colonie, endettée de 1,570,000 livres fit subroger, en ses droits et privilèges, les sieurs Aubert, Néret et Gayot, associés sous le nom de Compagnie du Castor, pour en jouir douze années, à partir du 1ᵉʳ octobre 1705, sous la condition qu'ils payeraient, en quatre ans, la dette de la Colonie, et ce fut à l'expiration de ce bail, en 1717, que la Compagnie d'Occident succéda à celle du Castor.

Son privilège datait du 1ᵉʳ janvier 1718, pour durer jusqu'au 31 décembre 1742. Nombre de bénéfices lui furent accordés.

Les Canadiens eurent la liberté de garder leurs castors chez eux ou ailleurs et de les transporter à leur gré dans l'intérieur de la colonie; mais ils ne pouvaient en faire sortir de Montréal ou des Trois-Rivières que pour descendre le Saint-Laurent et aller aux Trois-Rivières et à Québec. Il leur fut aussi défendu d'en faire transporter, soit au delà du fort de Chambli, soit au-dessous de Québec, et même d'en vendre aux sauvages et d'en envoyer, directement ou non, soit aux habitations anglaises, soit en France.

III

La Compagnie d'Occident, dont le crédit
devint alors si puissant, avait déjà acquis et
réuni à son commerce d'Amérique les privilèges
du commerce du Sénégal, du Cap Vert et des
côtes d'Afrique, privilèges que le Roi s'était fait
remettre par la dernière compagnie spéciale du
Sénégal pour les joindre à ceux de la Compagnie d'Occident.

Dès le XIVe siècle, des négociants de Rouen
associés à des marins de Dieppe, avaient or-
ganisé un trafic, de l'embouchure du Sénégal jusqu'à l'extrémité du Golfe de Guinée. Ils
troquaient des toiles, des couteaux, de la verro-
terie et de l'eau-de-vie contre des cuirs, de
l'ivoire, des plumes d'autruche, de l'ambre gris
et de la poudre d'or.

Au siècle suivant, les Anglais, les Hollandais, les Espagnols et les Portugais s'emparèrent de cette côte ; mais à la longue les Français y reprirent pied, sur plusieurs points, et, en 1621, une association de marchands de Rouen et de Dieppe existait sous le nom de Compagnie des Indes occidentales, laquelle faisait exclusivement le commerce de toute la côte d'Afrique, du Cap Vert au Cap de Bonne-Espérance, en quoi est compris le Sénégal. Cette Compagnie nommait des Directeurs et pourvoyait à tout, même à la défense, sans intervention du Gouvernement.

La nouvelle compagnie, créée sous le même nom, en mai 1664, acquit, de divers marchands de Rouen, les habitations qu'ils avaient au Sénégal, consistant en bâtiments, tourelles, forts et enclos, tant en l'islette de Saint-Louis qu'ailleurs, et joignit cela à sa concession. Celle-ci portait privilège exclusif de commerce jusqu'au Cap, pendant 40 ans. Mais le peu d'usage que fit la Compagnie d'un privilège aussi considérable, détermina le Conseil à en permettre l'aliénation pour un certain temps, et même la vente des effets qui se trouvaient dans les habitations.

Les sieurs frères Égrot et Raguenet se rendirent acquéreurs des droits et possessions de la Compagnie dans le Sénégal, au Cap Vert et lieux circonvoisins, jusques et y compris la rivière de Gambie, pour le temps de trente années qui restaient à courir, sur les quarante du privilège. Ils s'engageaient à nourrir et à entretenir des prêtres missionnaires.

Cette vente avait eu lieu le 8 novembre 1673, et les acquéreurs devaient prendre possession dans les six mois.

Déjà une nouvelle branche de commerce s'était ouverte, celle des noirs pour l'Amérique. Aussi, quand les lettres [patentes furent données, en 1679, aux trois associés susnommés, ils se trouvèrent en possession d'un nouveau privilège, celui de porter tous les ans, pendant huit années, dans les îles et terre ferme de l'Amérique, la quantité de deux mille nègres, et d'en fournir à Marseille pour les [galères du Roi.

Cette Société ne tint pas longtemps et dut céder son privilège, en 1681, à une nouvelle Compagnie du Sénégal, qui bénéficia de la situation acquise par la précédente et aussi des traités passés par elle avec les Rois nègres. On lui confirma encore la jouissance des terres et habitations de l'île de Gorée qui, après avoir été enlevées par les Hollandais, furent enfin restituées, en 1678, par le traité de Nimègue. Il lui était accordé, en outre, de vendre, seule, en Amérique, pendant trente ans, les nègres provenant des pays de sa concession. Mais, peu après, cette concession, quant au commerce des nègres, fut restreinte entre le Cap Blanc et Sierra-Leone, le surplus, jusqu'au Cap, était concédé, en 1685, à une compagnie nouvelle dite de Guinée.

Par suite, la Compagnie du Sénégal, gênée dans ses opérations, souffrit des pertes qui la mirent hors d'état de continuer, et elle céda ses droits, pour les dix-huit ans restant de son privilège, à une autre compagnie qui se chargea de payer ses dettes et s'intitula : Compagnie Royale du Sénégal, Cap Nord et Côte d'Afrique. Elle était formée de marchands de Rouen ayant à leur tête le sieur d'Apponguy, secrétaire du Roi. Elle fut établie en mars 1696, et fit proroger son privilège à trente années. Elle put jouir, en sus, du fort de Gambie, que les Anglais avaient occupé, et que les vaisseaux du Roi avaient tout récemment pris sur eux.

Elle eut, de plus, divers avantages pour son commerce d'Amérique : exemption des droits de capitation pour les nègres qu'elle y ferait porter, gratification de vingt livres par marc de poudre d'or, outre le prix de l'or selon les tarifs.

Cette compagnie eut quelques succès de 1697 à 1702, grâce surtout à la bonne administration locale de M. Brué, directeur et commandant en Afrique. Mais, appelé ensuite à la direction de Paris, cet administrateur ne put empêcher le désordre qui contraignit à vendre en 1709 à une quatrième compagnie.

Celle-ci eut le bon esprit, connaissant les mérites de M. Brué, de le charger, en 1714, de la direction et du commandement général à Saint-Louis. Elle n'eut pas à s'en repentir ; car, grâce à l'habileté et à la prudence de ce directeur, elle obtint des profits sérieux et put même fonder de nouveaux établissements. Ce fut alors que, sur le désir du Roi, la Compagnie du Sénégal céda son privilège à celle d'Occident, qui lui offrit un million six cent mille livres pour la cession, y compris les constructions et les effets.

Au total, la Compagnie d'Occident, pendant

près de dix-huit mois, resta dans un état de médiocrité. Mais la ferme des tabacs, le trafic du castor et la concession du commerce d'Afrique, tendaient à réveiller sa vitalité. Comme s'ouvrait l'année 1719, ses établissements commençaient à promettre un certain succès. Cependant les actions de la Compagnie languissaient ; son fonds de commerce fut porté de quatre à sept millions.

Elle possédait seize navires, dont dix avaient été expédiés pour la Louisiane avec sept cents hommes de recrues, cinq cents habitants et toutes les munitions nécessaires pour la colonie. Deux s'étaient rendus en Guinée pour la traite de huit cent cinquante noirs.

Parmi les effets de la Compagnie du Sénégal cédés à celle d'Occident, il se trouvait onze vaisseaux à la mer et trois millions pesant de gomme.

La caisse possédait, en argent 3,577,697 livres ; en marchandises 548,272 livres et en castor 220,000 livres. La Compagnie possédait encore : 96 milliers de tabac supérieur à celui de la Virginie, vingt mille peaux de diverses espèces, cent barils de brai (1) et gou-

(1) Résine du pin et du sapin.

dron. Enfin la soie et l'indigo réussissaient à la Louisiane.

Cependant le 4 décembre 1718, un grand changement s'était opéré à la Banque dont les destinées restaient si étroitement liées à celles de la Compagnie d'Occident.

De Banque Générale qu'elle était, le Roi l'avait converti en Banque Royale, à son profit, au moyen du remboursement qu'il fit aux actionnaires des six millions, montant des mille deux cents actions. Le 27 du même mois, un arrêt du Conseil portait établissement à Lyon, la Rochelle, Tours, Orléans et Amiens d'un bureau de Banque composé de deux caisses, l'une en argent pour aquitter les billets à vue, l'autre en billets pour fournir à la demande.

On a remarqué, avec raison, que cette transformation de la Banque générale en Banque royale fut une faute. Tout en fortifiant la Banque générale par des faveurs, on aurait dû éviter de mêler ses intérêts à ceux de l'État. Mais, au moment où s'effectua le changement, le public n'y vit que le prestige que la garantie de l'État procurerait au papier de la Banque et aux actions de la Compagnie. C'était ce qu'on voulait, car la hausse de l'un et des autres devait s'ensuivre.

La déclaration qui avait créé la Banque royale portait que le Roi remboursait en argent aux actionnaires les capitaux que ceux-ci n'avaient payés qu'en billets de l'État et que ces capitaux avaient été convertis en actions de la Compagnie d'Occident ; enfin, qu'il était devenu seul propriétaire de toutes les actions de la Banque dont le sieur Law était nommé directeur sous l'autorité du Roi et sous les ordres du Régent.

Il en résultait que le roi devenait banquier universel de son royaume, et que les actions de la banque acquéraient un prestige énorme, puisque le Roi les payait 500 livres en espèces, alors que les billets de l'État qu'elles représentaient étaient tombés à 170 livres au moment de la transformation. Enfin, les actions de la Compagnie, ayant paru aux intéressés d'un emploi préférable à celui des espèces, on en devait conclure qu'elles étaient une excellente acquisition. De sorte que les actions de la Banque et celles de la Compagnie se mirent à hausser toutes deux.

Une fois engagé dans cette voie, et d'ailleurs encouragé par la complicité inconsciente du public, le Gouvernement n'eut plus de frein dans les mesures propres, d'une part à déprécier l'argent, d'autre part à exalter la valeur du papier.

L'arrêt du Conseil du 27 décembre avait limité l'emploi de l'or et de l'argent dans les paiements, afin de rendre le billet de banque plus nécessaire, et, par suite, d'en provoquer la multiplication. Aussi, le 22 avril 1719, un arrêt du Conseil autorisa l'émission de cent millions de billets de banque, lesquels ne pourraient être sujets à aucune diminution, vu leur utilité qui leur valait une protection particulière. On sait que, par contre, les espèces étaient soumises à des variations incessantes.

D'autres arrêts suivirent dans le même sens. Mais nous voilà arrivés au mois de mai 1719, époque où la Compagnie d'Occident eut sa transformation comme la Banque ; car la réunion, à la Compagnie d'Occident, des privilèges du commerce des Indes Orientales et de la Chine, motiva la fusion de toutes ces compagnies sous le titre de Compagnie des Indes.

Ce fut encore l'ouvrage de Law, qui trouva dans ce fait, l'occasion et le moyen d'attirer l'argent et de fabriquer de nouveaux billets. Il eut tous les privilèges qu'il voulut, en même temps qu'on lui abandonnait les terres, les îles, les forts, les magasins, les habitations, les munitions et les vaisseaux, jusque-là propriété de la Compagnie des Indes Orientales et de la Chine.

La création de la Compagnie des Indes remontait au mois de mai ; le Parlement refusa d'enregistrer l'Édit, ce qui retarda la solution jusqu'en juin. Malgré ce contretemps, les actions de la Compagnie d'Occident continuaient leur mouvement ascensionnel ; l'ardeur pour la souscription des nouvelles actions devint prodigieuse.

Il y eut vingt-cinq millions de nouvelles actions de même nature que celles qui composaient les cent millions originaires, chaque action de cinq cents livres payable en argent comptant. Les acquéreurs devaient payer dix pour cent au delà du pair en souscrivant, et le principal de l'action en vingt paiements de cinq pour cent par mois.

Un arrêt du Conseil du 20 juin, pour établir l'égalité entre les postulants, ordonna que chaque souscripteur ne serait admis qu'en représentant une somme d'anciennes actions quatre fois plus forte que celle pour laquelle il désirait souscrire. Les actions nouvelles furent bientôt enlevées ; après quoi on acheta des anciennes et, dans la fermentation des cervelles, on préférait employer des billets à l'argent. De là deux choses : Law eut l'argent et il créa de nouveaux billets.

Comme nous l'avons fait pour la Louisiane et le Canada, le Sénégal et la Guinée, nous jetterons ici un bref coup d'œil sur le passé colonial de l'Inde et de la Chine, au moment où la dernière des Compagnies des Indes Orientales transmettait à la Compagnie des Indes les résultats de toute l'œuvre antérieure.

A l'éloge de Rouen, il convient de remarquer que c'est encore une société de négociants rouennais que l'on trouve au début des opérations commerciales de la France avec l'Inde. Ici encore, dès 1535, on voit des navires de Rouen prendre la route de l'Orient sous le commandement du sieur de Gonneville. Ils ne naviguèrent, il est vrai, que jusqu'à Madagascar ; mais ce fut l'occasion d'une déclaration de François Ier invitant les Français aux entreprises lointaines.

Sous Henri IV, la proposition fut faite au Conseil, le 1er juin 1604, d'une compagnie commerciale ; mais ce ne fut que sous Louis XIII que Girard Leroy, secondé du sieur Godefroy, trésorier à Limoges, obtint des lettres patentes pour faire achat de vaisseaux, les armer et les équiper et même se servir, pour le premier voyage, de mariniers et capitaines étrangers capables d'indiquer les côtes et les ports où le commerce pouvait s'établir commodément, avec sûreté. Le droit à la navigation des Indes était accordé pour douze ans.

Par la faute de ceux-ci de s'être mis en mesure, au bout de quatre ans, d'autres s'offrirent pour les supplanter et, finalement, tous s'associèrent. Mais on ignore ce que tira cette compagnie de ses avantages. Une autre encore fut instituée, par Richelieu, au profit du sieur Ricault, capitaine de marine. La limite du contrat s'achevait en dix années, avec mission de s'établir à Madagascar et dans les îles adjacentes.

Le premier vaisseau partit en 1643 avec le sieur Promis et quelques Français ; d'autres suivirent et l'établissement du fort Dauphin en résulta. En 1648, le sieur de Flacourt, l'un des intéressés, y arrivait en qualité de commandant général de l'île et de directeur de la Compagnie. On avait déjà pris possession de l'île de Mascareigne, future île Bourbon. L'île de France était alors occupée par les Hollandais.

Les efforts intermittents dont cette étape de la route de l'Inde fut le théâtre, n'eurent pas un très grand succès, bien que ce fût déjà la quatrième compagnie qui opérât, celle qu'organisa Colbert en 1664, et qu'on eut choisi, pour lui faire de la réclame, la meilleure plume du temps, la plume de M. Charpentier, de l'Académie Française. Pour augmenter ses chances de fortune, on lui permit cette fois de pousser jusqu'aux Indes.

Dans cette alternative, Colbert accepta les offres du sieur François Caron, ancien Président du commerce des Hollandais au Japon et qui, mécontent de sa nation, s'était fixé en France. On lui adjoignit le sieur Mascara Avanchinz, natif d'Ispahan, qui connaissait l'Inde et partait d'avance comme directeur de tous les comptoirs de la Compagnie dans les Indes, la Perse et tous les pays du Sud.

De 1667 à 1670, le fort Dauphin resta le chef-lieu des possessions orientales de la Compagnie, la résidence du gouverneur général et le siège du Conseil souverain ; mais à la fin de 1671, un massacre de Français par les indigènes fit

cesser la résidence permanente et l'administration fut transférée dans l'Inde.

Caron et Mascara partis ensemble de l'île
Dauphine mouillèrent à Cotchin, poste hollandais, le 24 décembre 1667 ; ils arrivèrent à
Snali, port de Surate, le 13 février 1668. Caron
acheta de l'indigo et on revint à l'île Dauphine
d'où le sieur Mascara repartit pour Surate, en
mars 1669. Il reçut alors mission du Conseil de
la Compagnie de se rendre à la cour de Golconde pour obtenir les privilèges nécessaires
de négocier dans ses États, fabriquer, acheter
et établir un comptoir à Mazulipatam. Fort
bien accueilli à Golconde, malgré les obstacles
que lui suscitèrent les Hollandais, Mascara se
fit donner le comptoir de Mazulipatam, auquel
on joignit la permission de fonder un établissement au-dessus de San-Thomé. Le sieur
Caron, de son côté, partit de Surate en avril 1671
pour établir un comptoir à Bantam.

Deux Directeurs généraux de la Compagnie
arrivèrent alors de France par suite de la mésintelligence survenue parmi les agents de la
Compagnie, mésintelligence due à ce que Caron
appartenait à la nationalité hollandaise et à la
religion luthérienne. Les capucins de Surate

avaient poussé de tout leur pouvoir à cette désunion.

Cependant le Roi avait repris à son compte l'île Dauphine dont la Compagnie n'avait pu tirer parti. Par suite, le Conseil souverain qui s'y trouvait pour l'administration, la justice et les affaires de la Compagnie, se trouva déplacé et transporté à Surate en 1671.

L'arrivée des deux directeurs de France déplut au sieur Caron, qui vit dans ce procédé comme une institution de contrôle sur ses actes. Il s'embarqua pour revenir en France, *avec tous les trésors qu'il avait amassés aux dépens de la Compagnie*, disent les mémoires du sieur Mascara. En tout cas, il n'en jouit pas longtemps, car son navire périt, corps et biens, sur la côte de Portugal.

Cependant, en France, nulle faveur n'était refusée par le Roi pour faire prospérer la colonie dont Colbert était chef et Président. On lui sacrifiait toutes les exigences particulières et même celles du fisc.

Un poste avait été établi à Ceylan en 1676, et une loge fut installée au pays de Pondichéry ; mais, d'autre part, en 1674, les Hollandais s'étaient emparés de San-Thomé et la Com-

pagnie perdit aussi le poste de Ceylan. Heureusement, un employé de la Compagnie, François
Martin, ayant recueilli les débris de ces deux
colonies, en peupla la petite bourgade de Pondichéry que la Compagnie acheta en 1686 au
souverain du pays et que son habile et sage
administration ne tarda pas à faire prospérer.
Prise par les Hollandais en 1693, puis restituée
en 1697 par le traité de Ryswick, elle fut rendue
à l'Administration de Martin et devint, grâce à
lui, une ville importante et le centre d'un riche
commerce. En 1699, elle était le chef-lieu des
possessions françaises de l'Inde.

Dès 1697, Chandernagor avait été cédée à la
Compagnie par Aureng-Zeb ; mais ce ne fut longtemps encore qu'un comptoir insignifiant.

Après tant de calamités, le commerce de la
Compagnie languissait au point que dès 1682,
elle avait été obligée de le partager avec tous
ceux qui lui en adressaient la demande, et ac-
ceptaient ses conditions, à savoir qu'ils se ser-
viraient de ses vaisseaux en payant le fret, et
que les marchandises au retour, portées dans
ses magasins, y seraient vendues publique-
ment par ses soins, sauf les perles, les diamants
et les pierreries.

Le 17 avril 1684, une assemblée générale prononça l'exclusion des membres qui n'avaient pas soldé tous leurs engagements, et prit des mesures pour appeler de nouveaux fonds. D'autre part, des lettres patentes de 1701 établirent à Pondichéry un Conseil supérieur ayant dans ses attributions les comptoirs du Bengale et de la côte de Coromandel.

Il ne faut pas omettre de mentionner l'Édit du 26 octobre 1686 qui avait porté un coup sensible à la Compagnie. Les toiles peintes et les étoffes des Indes se trouvant en grande faveur en France, la consommation nuisait considérablement aux manufactures d'étoffes de soie, de laine et de fil du Royaume, déclarait l'Édit, et nombre d'ouvriers ruinés désertaient la France et passaient à l'étranger. Telles étaient les raisons pour lesquelles le Roi ordonnait que toutes les fabriques, établies dans l'Inde, cesseraient leur travail, et que les moules servant aux impressions seraient brisés.

C'était une mesure fort grave, même étonnante, étant donné l'intérêt qu'inspirait la prospérité de l'Inde. Mais, si l'on remarque que cet édit porte la date de l'année qui suivit la révocation de l'Édit de Nantes, révocation qui précisément ruina nos manufactures, en provoquant l'émigration de nos meilleurs ouvriers, on est induit à penser que les promoteurs de cette mesure auprès du Roi, jugeant ses déplorables résultats, voulurent donner le change en les mettant au compte du commerce de la Compagnie.

Ce qui corrobore cette conjoncture, c'est que la Compagnie obtint les délais qu'elle voulut, et, en même temps, l'autorisation de faire venir, par an, cent cinquante mille livres d'étoffes de soie, de l'or, de l'argent et des écorces d'arbre des Indes et de la Chine. Elle eut encore, à diverses reprises, des permissions partielles, notamment pour faciliter le commerce de la Guinée qui s'approvisionnait d'étoffes dites *Guinées*, provenant des Indes et destinées à l'usage des nègres.

Une quantité de règlements encore, fixèrent, en les modifiant, les droits perçus sur les marchandises importées. En outre des toiles de coton, des mousselines, des tissus de soie, c'étaient de la cochenille, du poivre, du girofle, de la muscade, de la cannelle, de la cire, de l'encens, du café, du thé, du cacao, de la vanille, du sucre, du gingembre, du savon, de la soude, de la rhubarbe du séné,, de l'opium, de l'indigo, de la gomme laque, des cauris, du bois de campêche et une multitude d'autres produits.

En résumé, le commerce de la Compagnie, à dater de 1685, sous une allure générale médiocre, avait encaissé quelques bonnes recettes puisque les deux répartitions qu'elle fit à ses actionnaires, pour 1687 et 1691, montèrent ensemble à trente pour cent.

Comment donc se vit-elle contrainte de remettre en 1712 les débris de sa fortune aux négociants de Saint-Malo ? Elle avait accumulé dix millions de dettes. Son privilège disparaissait en 1714, et le Roi le prorogea de dix ans en faveur des Malouins, pour favoriser le paiement, par eux, des créanciers indiens de la Compagnie cessionnaire.

Mais les Malouins, empêchés de faire concurrence à l'étranger par le fait des dix pour cent payés à la Compagnie, et, d'autre part, craignant d'être saisis pour les dettes de celleci, s'ils envoyaient leur vaisseaux à Surate, d'où se tiraient les cotons en laine et filés, ainsi que les drogueries et les épiceries, les Malouins, disons-nous, n'eurent qu'un commerce languissant pendant sept ans, au bout desquels la Compagnie, dont ils tenaient leur traité, fut réunie à la Compagnie d'Occident qui, de ce fait, devenait la Compagnie des Indes.

La Compagnie de Chine suivit la fortune de celle des Indes orientales et fut englobée en même temps qu'elle dans la Compagnie des Indes.

Le droit de commercer avec la Chine s'était d'abord trouvé compris dans le privilège des Indes orientales ; mais, cette dernière compagnie ne pouvant en user, consentit, en 1660, à en laisser jouir une Compagnie de marchands, toujours de Rouen, que présidait un sieur Lucas Fermanel. Les préparatifs furent commencés, cependant il ne semble pas qu'ils aient abouti, la Chine ayant, à ce moment, un empereur partisan rigoureux de la politique d'isolement. Toutefois, son successeur, en 1685, ayant adopté un système contraire, c'est-à-dire ayant ouvert ses ports aux navires de l'Inde et de l'Europe, il se créa une association en France pour le commerce de la Chine, présidée par un sieur Jourdan.

On s'entendit en 1698 avec la Compagnie des Indes pour un voyage aux deux ports de Canton et de Ning-Po. Le navire l'*Amphitrite* y alla et revint le 3 août 1700 avec une riche cargaison. Nouveau traité alors et le même navire fit un second voyage ramenant, trois ans plus tard, les éléments d'un beau bénéfice. Ces succès valurent à la Compagnie du sieur Jourdan d'être créée Compagnie royale de la Chine. Survint la guerre de la Succession d'Espagne qui n'empêcha pas cependant de réaliser encore trois voyages dont, l'un, effectué par le navire le *Grand Dauphin*, fit entrer en France plus de trente milliers de soie. Ceci porta le Conseil à défendre, par arrêt du 13 mars 1714, l'entrée des soies et soieries de la Chine pour ne pas nuire à l'industrie des soies françaises.

N'admirez-vous pas les inconséquences d'un gouvernement qui ne favorise une entreprise que pour en arriver à la détruire. Au reste, la Compagnie royale de Chine prenait fin par la création d'une autre compagnie nouvelle.

Seulement, celle-ci sollicita un privilège direct, se fondant sur ce que celui de la Compagnie des Indes orientales, sa cessionnaire, se trouvait sur le point d'expirer. Cela lui fut accordé sous la forme d'une durée de cinquante années, à partir de mars 1715.

4

Elle n'expédia que deux navires dont l'un revint à Ostende et l'autre à Gênes. Ils rapportèrent surtout des soies crues et du thé. L'arrêt du 13 mars 1714 fit naître des difficultés pour l'entrée des soies. Le thé valait cinq ou six livres, la livre ; le Conseil fixa les droits à dix sous. Vint 1719, et cette dernière compagnie fut réunie à celle des Indes.

IV

C'est ainsi que le grand fleuve commercial
dont on voulait faire la Compagnie des Indes,
se constitua par quatre affluents, c'est-à-dire
par quatre compagnies entre lesquelles se partageait alors le commerce de la France : la
Compagnie des Indes orientales, la Compagnie
de Chine, la Compagnie d'Amérique et la Compagnie du Sénégal ; en dépit de la différence
des intérêts, des lieux et des établissements,
elles venaient se confondre dans le monopole
général du commerce national concédé à la
Compagnie des Indes, sous l'unique patronage
du directeur de la Banque royale. Le but
unique de celui-ci était de réunir entre ses
mains, avec le négoce tout entier de la France,

l'administration des branches du revenu public, et d'obtenir ainsi les conditions d'une émission illimitée des billets de la Banque.

L'arrêt du Conseil, en date du 22 avril 1719, portant règlement sur divers points, et notamment sur la stipulation des billets en livres tournois au lieu d'écus de banque, constatait, qu'à cette époque, la fabrication des billets montait déjà à cent dix millions en billets de mille, cent et dix livres.

La fabrication de billets de dix livres fut une faute de Law, observe Forbonnais, parce que c'était faire participer les menues denrées et les salaires au renchérissement que devait occasionner la multiplication du papier représentant une valeur minime et aussi, parce qu'il est dangereux d'associer au crédit public le petit peuple toujours trop timide ou trop hardi.

Le même arrêt ordonnait que les billets stipulés en livres tournois ne pouvaient être sujets aux diminutions qui ne manqueraient pas de survenir sur l'or et l'argent. Ainsi on se ménageait la facilité d'avoir l'argent par la crainte des diminutions, et d'en augmenter ensuite la valeur pour arrêter les actionnaires trop facilement portés à retirer leur argent.

Quoi qu'il en soit, la Compagnie des Indes, créée le mois suivant, et définitivement établie en juin, fut pourvue aussitôt de toutes les annexions et faveurs capables d'augmenter sa valeur et son crédit. Ce fut d'abord un nouveau privilège commercial, celui de la Compagnie de l'Afrique du Nord, avec exemption de tous droits à Marseille sur les marchandises apportées des États de Tunis et d'Alger.

Le vingt juillet, la Compagnie se chargea du bénéfice des monnaies pendant neuf années, moyennant cinquante millions en quinze paiements égaux, de mois en mois, et pour acquitter ces cinquante millions, elle décida d'ouvrir une souscription de vingt-cinq mille actions de même nature que les premières, avec douze pour cent d'intérêts ; et quiconque voulait acquérir une de ces nouvelles actions devait en présenter cinq des anciennes, ce qui augmentait la valeur de celles-ci. Les actions montèrent de deux cents pour cent.

De plus, pour faciliter la circulation, il fut ordonné le 12 août que les souscriptions des actions seraient divisées en autant de parties de cinq cents livres que les souscripteurs le désireraient.

Le 25 août, la Compagnie demanda le bail des fermes qui lui fut accordé le 2 septembre, moyennant cinquante deux millions, et la charge, en plus, de prêter au Roi un milliard deux cents millions.

Elle emprunta la somme à trois pour cent. On lui promit de la lui passer en contrats sur les fermes à trois pour cent, et elle obtint la confirmation de ses privilèges pour cinquante ans.

Les têtes s'exaltèrent ; la foule se porta dans la rue Quincampoix où demeuraient les principaux banquiers. De deux cents pour cent, les actions s'élevèrent à sept et huit cents pour cent. La progression devenait énorme en une même journée, du matin au soir.

Pour donner satisfaction à une telle ardeur, le Roi accorda à la Compagnie, le 11 septembre, de créer cinquante millions de nouvelles actions de même nature que les cent cinquante millions précédents, soit cent mille actions de cinq cents livres chacune, payables en dix paiements égaux. Puis, la Compagnie ayant délibéré, le 22 septembre, de ne recevoir que des billets de l'État et sans espèces d'or, ni d'argent, ces effets montèrent instantanément.

Le 25 septembre, elle admit qu'elle accepterait aussi des billets de banque, mais avec dix pour cent en sus.

Au même temps, la Compagnie prêta cent millions au Roi, et reçut, comme ayant succédé à la Compagnie d'Occident, les cent millions, à quatre pour cent, dûs à celle-ci. Le Roi, dans cette opération, gagnait une annuité d'un million qui tourna au profit du public parce qu'on supprima les droits sur les suifs, huiles, cartes, et les vingt-quatre deniers sur le poisson de Paris.

Le 26 septembre, de nouvelles actions furent créées pour cinquante millions, en cent mille billets, lesquels ne pouvaient être acquis qu'en effets royaux, sans espèces ni billets.

On se les arracha dans la rue Quincampoix.

On y donna onze mille livres pour dix mille de billets de l'État, en outre des courtages. Et, comme on s'imagina que les nouvelles actions valaient mieux que les anciennes, les négociateurs abusèrent en cédant les nouvelles et prenant les anciennes, rigoureusement de la même nature et de la même valeur, ce qui fit réaliser de grandes fortunes en fort peu de temps.

L'entrain général devenait tel que, quelques

jours plus tard, le 30 septembre, la Compagnie émit encore cinquante mille actions aux mêmes conditions ; celles-ci gagnèrent une plus-value de cent pour cent au sortir du bureau.

La totalité des actions s'élevait alors à six cent mille.

Mise en goût, la Compagnie proposa, les 10 et 12 octobre, une nouvelle création d'actions, offrant de prêter au Roi, trois cents millions de plus, à trois pour cent ; mais le Roi refusa.

D'autre part, la Compagnie se rendit acquéreur du bail des gabelles de l'Alsace et de la Franche-Comté pour un milliard quatre cent trente mille livres, et se fit attribuer les recettes générales par la suppression des Receveurs généraux.

C'est ainsi que de concert avec la Banque, elle tendait à tout accaparer. Son crédit s'en accroissait, et, pour le justifier, elle affectait de témoigner une certaine sollicitude à l'égard du public. Le 8 octobre, elle offrit au Roi d'employer, à la pêche et aux manufactures, telle partie de ses fonds qu'il souhaiterait, et cela sans privilège exclusif. Elle proposa pareillement la conversion du droit exclusif du tabac en un droit d'entrée, ce qui devenait utile à l'État et au public.

Le Régent semblait entrer dans ces vues par d'immenses libéralités faites pour établir la bonté du système, et pour y gagner l'opinion publique. Il accorda un million à l'Hôtel-Dieu, autant à l'Hôpital général, autant aux Enfants trouvés. Il paya les dettes de plusieurs prisonniers jusqu'à concurrence d'un milliard cinq cent mille livres, ce qui touchait les cœurs et entraînait le sentiment de la nation.

Tout cela fit prendre, au jeu des actions, des proportions excessives ; on vendait les terres pour acquérir des actions, et la hausse devenait à ce point formidable que ces actions avaient atteint dix-huit et vingt mille livres ; c'est-à-dire trente-six et quarante fois le capital, si bien que Law lui-même craignit quelque revirement subit et, pour conjurer cet effet désastreux, pour indiquer s'il le fallait la baisse, s'efforça d'éveiller des craintes sur la monnaie en espèces.

Un Édit parut le 2 décembre 1719 pour une nouvelle fabrication de quinzains d'or et de livres d'argent ; mais elle n'eut pas lieu. La Compagnie reçut le privilège des affinages et départs de l'or et de l'argent. On ordonna même, à son profit, la confiscation des anciennes espèces d'or et d'argent trouvées chez les particuliers. Puis le bruit se répandit d'une nouvelle refonte; tout cela pour mieux entretenir la valeur des actions jusqu'à ce que les principaux intéressés eussent mis à couvert une partie de leurs effets ; car, non seulement les commerçants, les bourgeois, la domesticité s'étaient lancés dans le trafic ; mais encore les maisons nobles et princières les plus hautes, les généraux les plus illustres, les magistrats, les gens d'Église, tous se mêlaient et fourmillaient dans les parages de la rue Quincampoix, aux abords de laquelle affluaient tous les carrosses de Paris. Ce qui se passa là de choses curieuses est inimaginable !

Les mémoires du temps citent un bossu qui gagna cent cinquante mille livres, en peu de jours, rien qu'en prêtant sa bosse en guise de pupitre pour les agioteurs. Un monsieur de Nanthia, sans être bossu, l'imita et réussit comme lui. Un simple savetier possédant une table et une écritoire dans son échoppe, empilait deux cents livres par jour. Une veuve Caumons, de Namur, se trouva dans les mains une somme de soixante-dix millions en billets de Banque. Et ces cochers, qui, venus sur leur siège, s'en retournaient dans le carrosse ! Toutes les maisons de la rue s'étaient transformées en bureaux d'agiotage. Celles d'un loyer de sept à huit cents livres en rapportaient cinquante à soixante mille.

Une foule de gens passait là sa vie, mangeant, buvant et trafiquant. On prêtait des fonds à l'heure, car les variations étaient si rapides que des agioteurs, en gardant un seul jour les fonds confiés, avaient le temps, dans l'intervalle, de se constituer une fortune personnelle. Cela représentait, au fort de la journée, le spectacle d'un asile d'aliénés.

On lança une gravure allégorique intitulée : *Véritable portrait du Seigneur Quincampoix*, où, entre autres choses, il se voyait une chaudière fumante dans laquelle on versait l'or et l'argent qui se volatilisaient en papier.

C'eut été le cas d'y placer pour devise ce que répondait un jour un plaisant aux gens qui suppliaient les commis de changer leur argent en billets : « Eh ! Messieurs, ne craignez pas que votre argent vous reste ; on vous le prendra tout. »

Il y eut aussi les incidents tragiques, comme celui du comte de Horn, qui assassina, et dont la tête fut tranchée.

Les princes du sang qui avaient reçu gratuitement des paquets d'actions, et le duc de Bourbon, en particulier, s'en dessaisirent avec profit. Law ne s'était pas oublié dans la distribution ; car il put acheter, pour une dizaine de millions, quatorze domaines titrés, sans rechercher l'anonymat, bien au contraire, attribuant sa fortune à l'excellence de son système. L'opinion publique le croyait elle-même, comme il semblait le croire aussi de bonne foi, car il plaça toute sa fortune en France, n'ayant pas la prudence de supposer que, dans le cas d'une chute, il devait se réserver quelques ressources à l'étranger.

La Banque suivait d'ailleurs, de son côté, les errements de la Compagnie des Indes, corroborant le progrès de celle-ci de son propre progrès pendant tout le deuxième semestre de l'année 1719.

Il avait été constitué le 10 juin une nouvelle fabrication de cinquante millions de billets, ce qui portait le total à cent soixante millions. On continua en même temps de diminuer la valeur des espèces courantes, en sorte que ceux qui avaient déposé leur argent à la Banque n'éprouvèrent nulle envie de le retirer, et ceux qui l'avaient retiré le rapportèrent avec empressement, le papier, lui, n'étant pas susceptible de diminutions.

Le 20 juillet, nouvelle émission de billets pour deux cent quarante millions. Des caisses établies dans les villes pourvues d'hôtels des monnaies furent chargées de la distribution, et, pour la faciliter, le Roi voulut bien permettre aux créanciers d'exiger leur paiement en billets. Le total montait à quatre cents millions, il s'éleva encore de cent vingt millions le 12 de septembre, et de cent vingt autres millions le 24 octobre.

En calculant la totalité des emprunts émis, on obtiendrait le chiffre de six cent quarante millions ; mais la quantité réelle en était beaucoup plus considérable ; car, en même temps que l'affluence des demandes forçait à multiplier les émissions, la crainte d'en montrer l'excès faisait dissimuler le chiffre effectif.

Les habitants des provinces, gagnés par la frénésie, abandonnaient leurs demeures pour prendre part au commerce des actions, et comme si cet affolement nécessitait le soin d'être favorisé, un arrêt du Conseil, en date du 1ᵉʳ décembre, stipula qu'il ne serait reçu au bureau général de la Banque, à Paris, aucune espèce d'or et d'argent pour être convertie en billets et que, tant à Paris que dans les villes où se trouvaient des bureaux de la Banque, il serait permis aux créanciers d'exiger de leurs débiteurs le paiement en billets de banque, à l'exclusion de toutes espèces d'or et d'argent, autres que pour les appoints. Les fermiers devaient payer le Roi en billets de banque, comme ils pouvaient aussi, de leur côté, exiger en billets tous droits et impositions.

Ils demeurait permis également à la Compagnie des Indes d'exiger le paiement des impositions en billets, et c'était en billets qu'elle devait elle-même effectuer ses paiements au Trésor.

Le vertige allait croissant. Un arrêt du 21 décembre ordonna que l'argent de la banque serait et demeurerait fixé à cinq pour cent au-dessus de l'argent courant; que les espèces d'argent ne pourraient plus êtres reçues dans les paiements au-dessus de dix livres, et celles d'or dans les paiements au-dessus de trois cents livres.

La Compagnie des Indes était autorisée à recevoir, pour en tenir compte au Roi, cinq pour cent, en sus, des contribuables qui paieraient, au delà de dix livres, en argent ; au delà de trois cents livres, en or. Enfin, les lettres de change devaient encore se payer en billets.

Nous détaillons tout cela pour mieux montrer à quel degré l'aveuglement en était arrivé quant aux conséquences imminentes de ce système où l'on ne voulait rien voir que de profitable et aucune chance de perte.

Ainsi Law s'était imaginé que les étrangers, nos créanciers, s'ils refusaient les billets, se paieraient en denrées et productions nationales, ce qui activerait le commerce et l'industrie. Mais il se trompait ; les étrangers prirent nos espèces à tout prix, ne comptant pour rien les pertes qu'ils paraissaient subir sur leurs lettres de change et sur leurs actions, billets ou autres, et notre or, tout autant que notre argent, sortait du royaume pour n'y plus revenir.

Le 29 décembre, une nouvelle fabrication de billets, pour trois cent soixante millions, éleva le total avoué à un milliard.

Mais le coup était porté par la hausse démesurée des actions de là Compagnie des Indes, et par la précipitation des réaliseurs. La réaction allait se produire avec l'année nouvelle.

On en éprouvait le pressentiment, et certainement, ce ne fut pas sans intention de prévenir ce retour de l'opinion qu'on décida, pour le 30 décembre, une assemblée générale des actionnaires réunis de l'ancienne Compagnie d'Occident et de celle des Indes. On y devait faire miroiter une situation et des dividendes alléchants.

Cette assemblée, annoncée par affiches pour être tenue dans la galerie haute de l'Hôtel de la Banque royale, devait conserver un cachet tout particulier de solennité. Le Régent la présidait, assisté de Princes du sang et d'autres notables personnages.

Law y assistait comme Directeur général de la Compagnie des Indes et de la Banque royale, et avec lui s'y trouvaient les trente directeurs particuliers de la Compagnie des Indes et affaires y jointes, comme on disait, et le public se composait de deux mille actionnaires.

Mr Conneau, avocat des Directeurs, lut un rapport où il énumérait tous les titres qui composaient l'importance de la Compagnie, les arrêts divers qui, dans ses mains, avaient réuni tout le commerce extérieur ; celui qui cassait le bail des fermes générales d'Aymard-Lambert au profit de la Compagnie ; l'arrêt concernant l'aliénation des monnaies et des privilèges du raffinage, etc, etc.

Puis il rappela ce qui avait été fait : établissement des colonies de la Louisiane, départ pour l'Inde de vaisseaux chargés de riches cargaisons, remise en vigueur du commerce d'Afrique, organisation de la Régie des fermes générales, traité pour la fabrication des monnaies, administration des Recettes générales, offres au Roi d'un milliard cinq cents millions de livres pour payer les dettes de l'État, émission de cent cinquante millions de nouvelles actions.

L'œuvre était grande, si grande même que les Directeurs y trouvaient leur excuse de ne pouvoir présenter aux actionnaires le bilan des recettes et dépenses. Il fallait bien avouer que ce bilan ne serait pas présenté, mais en se hâtant d'en effacer le mauvais effet par de superbes assurances, à savoir : « Que tout se passe pour le bien et l'avantage de la Compagnie, comme dit le Rapporteur, que les colonies de la Louisiane s'établissent avec succès, que le commerce des Indes, celui d'Afrique et du nord prennent une nouvelle force, que les produits des fermes générales augmentent à vue d'œil, qu'il y aura des profits très considérables sur la régie et la fabrication des monnaies et le raffinage des matières, que la Compagnie économisera les dépenses de taxations et émoluments qui étaient attribués aux receveurs généraux des finances... »

Et tout cela se terminait par l'assurance qu'on pouvait dès lors fixer tant le dividende des anciennes actions de la Compagnie d'Occident que celui des cent cinquante millions de nouvelles actions de la Compagnie des Indes à quarante pour cent.

C'était là le grand coup de tam-tam ! Aussi le Régent y insista pour l'accentuer. Il observa complaisamment que l'ensemble de toutes les actions étant de trois cents millions, c'étaient donc cent vingt millions qui seraient distribués aux actionnaires en 1720. Law appuya et les actionnaires applaudirent.

L'assemblée, au fond, n'avait pas d'autre but que cette proclamation d'un gros dividende ; mais on discuta quelques points secondaires, le droit d'entrée des tabacs, la redevance sur les cotons de la Louisiane, l'établissement de magasins dans divers ports et villes du royaume pour la réception des chanvres, etc.

Puis MM. les Directeurs émirent la prétention de retirer les trois quarts des actions déposées par eux, comme cautionnement, sous prétexte que la valeur acquise de ces actions dépassait de beaucoup le montant de la caution exigée. Le Régent, tout en reconnaissant le fait, fut d'avis que les Directeurs ne feraient pas honneur à la Compagnie en retirant ces fonds, et que d'ailleurs ils n'en pouvaient trouver un meilleur usage.

Mais Law, qui soutenait ses collaborateurs tourna la difficulté en demandant pour eux trente mille livres par an, au lieu de six mille qu'ils touchaient auparavant. On les leur accorda.

Au total, cette assemblée parut aux gens avisés une comédie où chacun joua un rôle assigné d'avance pour le plus grand bien du personnel de la Compagnie, et le meilleur effet à produire sur le public.

Celui-ci ne s'en montra qu'à moitié séduit, car on peut affirmer que ce fut à dater de ce moment que les affaires commencèrent à se gâter. Seulement, cela se fit d'abord en quelque sorte sourdement. Une grande réserve dans leur intérêt personnel était imposée aux clairvoyants qui, sentant venir la dépréciation, désiraient conserver le temps nécessaire pour tirer leur épingle du jeu, avant la débâcle. Il ne résultait une grande résistance à la baisse ; mais aussi une fiévreuse impatience de liquider le papier sans attirer l'attention.

Ce fut là l'allure générale des opérations du mois de janvier 1720, qui tinrent le papier à un taux encore élevé d'abord, mais avec inclination de plus en plus accentuée vers la baisse.

Law, bien entendu, aidait de tout son pouvoir à maintenir la situation ; il fut nommé le 5 janvier Contrôleur général des Finances, après s'être converti au catholicisme par les soins de l'abbé de Tencin. Le contrôle général était une des plus hautes fonctions de l'État, et son action s'étendait sur toutes les branches de l'Administration publique. L'investiture que Law en reçut semblait révéler une confiance en ses lumières faite pour influencer l'opinion dans le sens qu'il avait à cœur.

Le nouveau Contrôleur général se montrait partout pour mieux encourager le jeu des actions de la Compagnie des Indes ; mais il ne pouvait suffire à soutenir leur crédit. Les appréhensions se propageaient et les prudents, ébranlés par le doute, se préoccupaient de trouver un emploi solide à leur papier. On se mit à acheter des terres, des marchandises, des diamants, des meubles précieux, et l'on s'efforça autant que possible de réaliser en espèces. Plusieurs marchands y arrivèrent en faisant demander le paiement à la Banque par petites sommes et par différentes personnes, En général on se mit à tout vendre le double quand on payait en billets.

Afin de ralentir la recherche des espèces, on rendit divers arrêts contre la garde des anciennes monnaies; on fit des diminutions fréquentes sur les espèces courantes.

Le 28 janvier, on interdit tout transport d'espèces et matières d'or et d'argent hors de Paris et des villes où il y avait hôtel des monnaies. On ordonna le cours des billets de banque dans toutes les villes du royaume.

Les mesures tournaient à l'odieux. On permit à la Compagnie des Indes d'ordonner des visites domiciliaires, les espèces saisies devant servir à récompenser les dénonciateurs.

Les vexations de toutes sortes se suivaient,

mais sans profit pour le crédit des billets. Crédit forcé devint discrédit général. On s'avisa même de défendre de porter des perles et des diamants pour ôter l'envie d'en acheter. Pour avoir des métaux, les orfèvres firent acheter aux hôtels des monnaies les matières qu'on ne pouvait leur refuser.

Était-ce pour mieux résister à l'entraînement par la cohésion? mais le 23 février la Compagnie des Indes fut chargée de la régie de la Banque Royale, et, ainsi, se trouvèrent liées de fait les deux institutions qui semblaient distinctes jusque-là, sans que jamais elles l'eussent été au fond, puisqu'elles constituaient la double base nécessaire du système.

V

Au moment de la jonction des deux établissements, la Compagnie des Indes avait produit
six cent mille actions, au capital primitif de un
milliard six cent soixante dix-sept millions
cinq cent mille cent livres, (1, 677, 500, 100 ll.)
que le jeu, au dire de Necker, avait élevé à six
milliards dans l'opinion.

D'après l'Édit du 23 février, la quantité des
billets de la Banque ne pouvait désormais se
trouver augmentée que par des arrêts du Conseil rendus sur la délibération de la Compagnie.
On faisait intervenir la Chambre des comptes
pour le contrôle des recettes et dépenses. Les
paiements en espèces restaient autorisés au-
dessous de cent livres. Enfin, la Compagnie

devait retirer dans les deux mois les billets de dix livres en les soldant en espèces.

C'était faire une petite part au feu ; mais le discrédit des billets et des actions de la Compagnie ne s'arrêta pas pour si peu. En effet, comment soutenir avec les fonds de la Compagnie un crédit qui dépassait, de plus des deux tiers, la valeur de toutes les espèces d'or et d'argent qui pouvaient être alors dans le royaume ?

La défiance était portée au plus haut point, et les mesures qui se pressèrent pour la combattre ne firent que l'accentuer.

Le 27 février, défense de garder chez soi plus de cinq cents livres en espèces, puis défense de fabriquer et de vendre de la vaisselle d'argent.

Autre arrêt du 5 mars qui décida, celui-là, de la chute du système. Il était enjoint au trésorier de la Banque de procéder à la rentrée, à leurs échéances, de toutes les sommes prêtées par la Banque. Les actions de la Compagnie des Indes se trouvaient portées à neuf mille livres. On pouvait échanger les actions en billets de banque, et les billets de banque en actions, sur le pied de neuf mille livres. C'était multiplier les billets, déjà avilis ; cependant la foule se porta au bureau où l'on changeait les actions en billets et l'on fabriqua des billets nouveaux pour plusieurs centaines de millions.

Par le même arrêt, la valeur des monnaies fut augmentée, afin que chacun ne demanda pas d'être remboursé par la Banque. Aussi, en même temps, on déclarait toujours les billets monnaie invariable. Le public ne s'obstina pas moins à rechercher l'or et l'argent. Law prit la plume pour convertir les esprits à d'autres idées ; il n'arriva qu'à les aigrir davantage.

Les efforts persuasifs n'empêchaient pas les mesures répressives et prohibitives de se multiplier, et la déclaration du 11 mars ne fut pas une des moindres.

Il était défendu par elle, à tous sujets du Roi, ou étrangers se trouvant dans le Royaume, de garder, au delà du 1er mai, aucunes espèces ou matières d'or, et au delà du 1er décembre, aucunes espèces ou matières d'argent, sous peine de confiscation et d'amende. Il n'y avait d'exceptés que les sixièmes et douzièmes d'écus de la fabrication de 1718, et les livres d'argent de 1719. De plus la fabrication des écus d'or était prohibée pour l'avenir, ainsi que celle des espèces d'argent plus lourdes que de la taille de trente au marc.

Et toujours il était fait appel aux dénonciateurs. Un fils dénonça son père.

A ce propos, le cas de M. Adine de Villesavin est à citer. Homme des plus distingués et Membre de l'Académie, quoique financier, il avait été nommé directeur à la Compagnie des Indes ; il perdit cet emploi parce qu'on trouva chez lui pour trente mille livres de pièces vieilles et nouvelles, malgré les défenses du Conseil. Ce fut son laquais qui fut cause de sa disgrâce.

L'alarme était générale. La peur amena à la Banque, dans le courant de mars, la somme de quarante quatre millions six cent quatre-vingt-seize mille cent quatre-vingt-dix livres.

Par réductions successives, le marc d'argent ne valait plus que trente livres. La perte s'augmentait tous les jours dans l'échange des billets pour de l'argent. En même temps le paiement en billets, dans les pays d'État et la Provence, procurait un boni de dix pour cent pour les impositions du don gratuit, la capitation et autres produits du trésor royal.

Le 19 avril, on fit une nouvelle fabrication

de billets pour quatre cent trente-huit millions. On sut alors que la totalité des billets émis, que l'on estimait à un milliard deux cents millions, formait en réalité le chiffre effrayant de deux milliards six cent quatre-vingt-seize millions, sans compter les contrefaçons de l'étranger. L'équilibre du papier avec le numéraire, une fois rompu à cet exorbitant degré, ne pouvait plus se rétablir. Il fallait prendre un parti et Law ne savait lui-même auquel il devait s'arrêter.

Le Garde des sceaux, dont les efforts étaient restés stériles pour désiller les yeux du Régent à l'endroit du système, et n'avaient pu le convaincre sur les effets d'une débâcle inévitable, s'adjoignit l'abbé Dubois, Ministre des Affaires étrangères, et M. Leblanc, Ministre de la Guerre, pour amener le Régent et Law à confesser leur erreur, en proposant une mesure extrême, violente même. Dans l'embarras où se trouvait le grand financier, ils le contraignirent d'accepter, par un raisonnement plus ou moins spécieux, de porter, le premier, la main sur l'édifice de son système.

Il ne s'agissait de rien moins que de déclarer. — un arrêt du 21 mai l'affirma — la réduc-

tion des billets de banque à la moitié du numéraire, pour prendre date, au 1er décembre.
Les billets ne seraient reçus, pour leur valeur
entière, qu'en paiement des impositions, jusqu'au 1er janvier 1721, et en acquisitions de
rentes viagères ; mais il convient d'ajouter que
le taux des rentes avait été réduit, du denier
vingt, au denier cinquante. Les lettres de
change devaient être acquittées en billets de
banque sur le pied où ils se trouveraient lors
de l'échéance.

On comprend le bouleversement que causa
cet arrêt. C'était une flagrante violation de la
foi publique, une odieuse iniquité. Cependant,
il convient de reconnaître qu'il est des cas ex-
trêmes, où de dures nécessités s'imposent aux
gouvernements pour sortir d'une inextricable
situation, alors qu'il n'existe pas d'issue, et
telle était alors celle de la France.

Toutefois la consternation, la rage s'étaient
élevées à leur comble, et l'on fit circuler des
papiers, sous la date du 25 mai, annonçant
une Saint-Barthélemy et un incendie général,
si les affaires ne changeaient pas de face.

Ces menaces y poussèrent-elles ? L'arrêt de
réduction du 21 mai fut révoqué par un autre

du 27 qui rétablissait le papier dans sa valeur. Cela devenait une faute nouvelle qui, sans rien changer au résultat effectif, montrait l'incohérence des idées du Gouvernement, ou plutôt son défaut absolu d'idées.

Le 29 mai, on donnait cours aux anciennes espèces d'or et d'argent, et on rendait la liberté de garder en espèces telle somme qu'on voudrait. Le crédit des billets ne s'en releva pas. On essaya vainement, en juin et juillet, de diminuer encore la valeur des espèces, le public n'en persista que davantage à les resserrer. Finalement, toutes les mesures devenant inutiles, la Banque cessa de payer, sauf les billets de dix livres, sous prétexte d'examiner les abus.

La consternation resta la situation du moment. Les billets, réduits à la moitié de leur valeur, furent en peu de temps escomptés aux neuf dixièmes de perte ; on les négocia à tous prix. On voulait les employer en achats, mais les marchandises montèrent au sextuple de leur valeur. Finalement, l'arrêt de révocation fit plus de mal que n'en aurait produit l'arrêt révoqué.

La fluctuation des monnaies n'avait plus de limites. Le marc d'argent haussé de soixante-dix-sept livres dix sous à cent vingt livres, le 30 juillet, diminua ensuite jusqu'à soixante livres le 16 octobre.

Le 9 août, la Compagnie des Indes retira cinquante millions de billets de la circulation, et le 15 août on créa des rentes pour en faire emploi.

On ordonna qu'après le 1ᵉʳ octobre les billets de mille et dix mille livres n'auraient plus cours et ne pourraient avoir que certains emplois déterminés. Les billets de cent et de dix livres conservaient encore leur cours jusqu'au 1ᵉʳ mai 1721.

Le 30 août, on créa huit millions de rente. Le 12 septembre, on créa cinquante millions de billets de cinquante et cent livres pour rendre un dixième en billets à ceux qui porteraient les billets de mille et dix mille livres pour les placer seulement en rentes et en comptes courants en banque. Cela ne calma personne. Le 15 septembre, on ordonna que les billets de mille et dix mille livres ne pourraient être admis en paiement qu'avec moitié en espèces, et on réglementa quelques autres menues questions. On cherchait toujours, mais vainement, un palliatif qui rappela la confiance.

Un arrêt du 8 octobre déclara que la totalité des billets fabriqués était montée à deux milliards six cent quatre-vingt-seize millions, quatre cent mille livres (2, 696, 400,000 ll). Puis, d'après le compte de ceux incinérés, ou bien employés en rente et en comptes ouverts, ou ceux encore qui se trouvaient dans les caisses des monnaies, on établit qu'il devait en rester dans le commerce huit cent cinquante-neuf millions, soixante-douze mille cinq cent quarante livres ; cependant l'arrêt annonçait qu'il en restait 1,169,072,540 livres, ce qui fit penser judicieusement que la fabrication avait dépassé trois milliards.

Que ne décida-t-on point dans cette succession de faits inadmissibles ? notamment que : vu les facilités données pour l'extinction des billets, et leur emploi dans les paiements ne faisant que gêner la circulation et soutenir le haut prix des denrées, il était prescrit qu'à dater du 1er novembre, les billets de banque ne pourraient être donnés ou reçus en paiement que de gré à gré, et que, du jour de la publication, ils ne seraient plus reçus dans les bureaux et recettes du Roi ; enfin, que, passé le 30 novembre, ce qui resterait de billets ne pourrait plus être couvert qu'en actions rentières ou en dixièmes d'actions.

Ce fut la fin du système. Cependant quelques mesures furent encore prises pour sa liquidation définitive. Ainsi un arrêt du Conseil de janvier 1721 ordonna qu'il serait établi un visa général de tous les billets restants, et de tous autres titres, pour être réduits d'après les déclarations que les porteurs seraient tenus de faire. Il fut donné délai, pour ce visa, jusqu'au 26 mai, lequel dépassé, tout ce qui n'aurait pas été représenté, serait et demeurerait nul, éteint et supprimé.

Puis, les effets visés devaient être remis aux officiers royaux contre des certificats de liquidation, (arrêt du 4 sept. 1722), et ce, le 31 octobre au plus tard ; les certificats de liquidation ne purent recevoir, (arrêt du 28 juillet 1723), que les affectations prescrites, savoir : rentes sur l'Hôtel de ville, sur les tailles, offices de gouvernement municipaux, enfin lettres de maîtrise. Le 13 septembre 1725, un édit du Roi porta confirmation des opérations du visa et de la nullité des effets non visés.

Pour clore ce qui a trait à la liquidation du système sous tous ses aspects, rappelons qu'on

érigea d'abord une seconde chambre de justice
pour examiner la conduite de tous ceux qui, en
chef ou en sous-ordre, avaient pris part à l'administration de la Banque, ce qui comprenait
le personnel de la Compagnie des Indes. Des
malversations de toutes sortes furent décou-
vertes. Pour en connaître et juger les coupables, un nouveau tribunal fut désigné sous
le nom de *Chambre de l'Arsenal.*

On y vit comparaître des gens de toutes les
classes, depuis les plus infimes jusqu'aux plus
élevées, ces dernières ayant eu, d'ailleurs, plus
que les autres, les moyens d'abuser. On cita,
parmi celles-ci, un maître des requêtes nommé
Talhouet, et un abbé Clément, avec leurs
suppôts, convaincus d'avoir extorqué pour
trente millions, au moins, d'actions.

Les deux premiers devaient être décapités,
les complices pendus, mais on commua leurs
peines, étant donné l'indulgence du temps pour
les fripons.

Des personnalités bien plus éminentes furent
encore compromises, d'abord le duc de la
Force, pair, Membre du Conseil de régence
et Président du Conseil des finances ; et, en
second lieu, M. Leblanc, Secrétaire d'État au

département de la Guerre. Ceux-ci s'en tirèrent
en gagnant du temps et compliquant la procédure, ce qui amortit les passions et clôtura les
choses par lassitude et par oubli.

Pour en finir avec la Banque, qui ne sortit
des liens de la Compagnie des Indes que pour
se dissoudre et disparaître, nous rappellerons
en deux mots le sort que fit à leur auteur
commun la chute du système.

Law, maudit et conspué par le peuple, re-
connu un jour dans la rue, faillit payer de sa
vie ses erreurs et les misères dont il avait été la
cause. Son carrosse fut brisé, et il ne dut son
salut qu'à la vitesse de ses chevaux, à la vigueur
aussi de son cocher. Il fut contraint de quitter
le contrôle général; mais le Régent, tout en
donnant cette satisfaction à l'opinion, n'en
continua pas moins de voir Law et d'espérer
quelque circonstance favorable pour le rétablissement d'une institution en laquelle il
n'avait pas perdu confiance.

Aussi, l'ex-contrôleur général resta encore
plusieurs mois à la tête de la Compagnie des
Indes, et le Régent continua de prendre ses
conseils, pendant l'année 1720. Comme il
s'était retiré dans sa terre de Guermande, et

qu'il se sentait entouré de la haine générale, il n'était pas très rassuré sur son propre compte au souvenir surtout des scènes sanglantes qui s'étaient déroulées à son sujet. Il se décida à demander ses passeports au duc d'Orléans. Le duc de Bourbon, enrichi par le système, lui offrit de l'argent et la voiture de Mme de Prie. Il refusa l'argent mais accepta la voiture et se rendit à Bruxelles n'emportant que huit cents louis. Le séquestre fut mis sur tous ses biens. Il est peut-être à sa louange de déclarer que cet éminent calculateur n'avait rien réalisé en vue de son propre avenir. Il n'avait rien placé à l'étranger pour l'y reprendre en cas d'infortune, laissant le champ libre à ses détracteurs chargés de soupçonner sa bonne ou mauvaise foi.

Simplement imprudent d'abord, il n'avait été coupable que par la suite, en soutenant un plan dont il devait apercevoir les vices. Mais il se trouvait placé sous l'obsession d'une idée fixe.

Montesquieu, nous le montrant à Venise où il s'était retiré, porte ce jugement sur sa personne : « C'était le même homme, toujours l'esprit occupé de projets, toujours la tête remplié de calculs et de valeurs numéraires ou représentatives. »

Il vécut là pauvre et oublié en peu de temps, toujours joueur comme à ses débuts, et faisant ressource du seul souvenir qui lui rappelait son opulence, un gros diamant qu'il mettait en gage, ou retirait, selon les chances du jeu. Il mourut en 1729.

Law, à qui l'on a appliqué les épithètes les plus opposées, qu'on a qualifié d'Écossais de génie et d'escroc, que l'on a honni et exalté, ne méritait au fond, ni cet excès d'honneur, ni cette indignité ; mais à considérer sa valeur personnelle en dehors, tant des désastres privés, dont il fut l'occasion, que des stimulations heureuses dont la secousse qu'il donna à la France fut la source, on ne peut disconvenir que ce ne fut une intelligence supérieure, au moins dans le cercle des combinaisons financières, intelligence très lucide dans l'idéal du calcul, mais inconsciente de la subordination nécessaire du calcul pratique à la nature humaine.

Law semblait se dire : la valeur de l'argent n'existe que dans l'imagination ; la volonté n'a qu'à l'attribuer au papier, pour peu qu'il y ait derrière ce papier de quoi procurer une illusion de garantie, cela suffit ! Un pays où chacun voudrait ne pas regarder plus au fond, pourrait se moquer des mines du Pérou.

Ainsi Law croyait intimement que le fonds de la Compagnie hollandaise des Indes, en vaisseaux, marchandises et objets de toutes sortes, ne valait pas le quart du prix de toutes les actions, et qu'il en devait être de même pour la Banque d'Amsterdam et les Compagnies anglaises.

Il y avait dans son opinion un peu de vérité, mais trop d'erreur, et puis il dédaigna, jusqu'au mépris, les précautions ; il ne sut, en un mot, garder la juste mesure sans laquelle les meilleures choses deviennent mauvaises ; il se laissa emporter jusqu'à la violence, plutôt que de laisser le temps consolider la bonne opinion du public pour ce que ses combinaisons possédaient de solide et d'ingénieux.

Au fond, ce n'est pas sans justesse qu'on a pu dire : « La plupart des institutions de crédit de nos jours ne sont que des rouages détachés de l'invention de Law. Ses idées de monopole, de centralisation, de crédit universel ont dirigé le mouvement financier actuel, seulement elles sont appliquées par des gens plus médiocres, partant plus pratiques. »

VI

Il faut reconnaître que si la Banque de Law
avait paru d'abord la raison d'être de la Compagnie, puis un élément vivifiant pour ses débuts, elle avait fini par devenir une cause d'embarras et de danger.

Il était temps que la Compagnie se débarras-
sât de cette alliée compromettante, d'autant
qu'elle n'en avait pas besoin pour vivre et que,
ayant eu pour principal rôle, dans leur association, de fournir en quelque sorte caution aux
opérations fiduciaires de la Banque, par ses propriétés, son matériel et son industrie, à bien
plus forte raison pourrait-elle appeler la confiance et le succès en n'appliquant cette caution
qu'à ses propres affaires.

Aussi, en dépit du discrédit que la connexité de la Banque avait valu aux actions de la Compagnie, on ne perdit pas courage, et on comprit qu'un pareil établissement, dont tout le monde sentait l'utilité, devait reprendre faveur auprès du public.

Les Directeurs de la Compagnie voulurent y aider eux-mêmes en se résignant de bonne grâce à des sacrifices que d'ailleurs la situation exigeait.

Les déclarations de tous les effets quelconques, tant sur le Roi que sur la Compagnie, que le visa avait provoquées, s'étaient élevées au chiffre de trois milliards et de deux cents millions, pour le total approximatif.

Nous disons approximatif parce qu'il y eut un grand nombre de personnes qui s'obstinèrent à ne pas subir le visa, si bien qu'en 1722 des agioteurs donnaient encore soixante livres en argent d'un billet de mille livres et soixante à soixante-cinq livres d'une action des Indes.

Quoiqu'il en soit, le tiers, à peu près, du total, représentait les actions de la Compagnie dont le capital était de neuf cents millions. Le reste, soit environ un milliard deux cents millions, formait la part du Roi. Elle éprouva une réduction d'environ cinq cents millions dont l'État fut déchargé, et le reste se liquida au moyen de créations de rentes et d'offices, ainsi que nous l'avons écrit déjà.

Mais, pour en revenir au capital de la Compagnie des Indes, on voit qu'à neuf cents millions, il se trouvait déjà fort diminué de son point de départ, au moment de la jonction avec la Banque, époque où il s'élevait à un milliard, six cent soixante-dix-sept millions cinq cent mille livres pour six cent mille actions.

Cette diminution provenait des sacrifices volontairement consentis par les grands seigneurs du Mississipi, à l'exemple de M. le Duc; et de Law lui-même. Puis une délibération de la Compagnie, du 10 juin, réduisit à deux cent mille le nombre des actions, qui finalement, lors de la liquidation fut porté à cinquante mille.

Enfin, en s'effaçant et faisant la part des circonstances, la Compagnie se dégagea, viable encore, des événements où la Banque avait sombré.

Dès le mois de mai 1720, attendu la décadence de la Banque, ordre avait été donné à la Compagnie des Indes de remettre son bilan, en continuant ses opérations, ce qu'elle fit le 3 juin.

La situation se résumait ainsi : la Compagnie possédait un fonds de trois cents millions ; elle avait entrepris des opérations considérables et utiles de commerce. Elle commandait cent cinq vaisseaux, comptait de riches cargaisons expédiées. Ses augmentations portaient sur le produit des fermes et le recouvrement des recettes générales. Ses livres étaient tenus en bon ordre.

La Compagnie, qui jusque-là n'avait que trop dépensé son activité dans une voie qui n'était pas proprement la sienne, dut alors redoubler de zèle pour le développement des entreprises commerciales qui formaient sa mission spéciale, de sorte que, plus elle se porta à l'extérieur, mieux elle demeura chez elle ; et, pour la laisser toute entière à ses affaires, on ôta à la Compagnie des Indes l'administration des revenus de l'État ; on rendit au Roi le bénéfice des monnaies, on rétablit les offices des Receveurs généraux des finances, des payeurs et des contrôleurs des rentes, et enfin les Fermes Générales.

Il résulta bientôt de tout cela que, selon l'expression d'un écrivain, la Compagnie des Indes devint, de jour en jour, plus intéressante et le Régent, dont la conscience avait à se reprocher bien des causes de défaites, mit tous ses soins à la consolider. Il fit rédiger, en 1723, un nouveau règlement suivant lequel les Directeurs et syndics devaient être choisis dans l'administration même, et il voulut assister à la première assemblée où s'en ferait l'élection.

Le Régent poussait la Noblesse à entrer dans la Compagnie, voulant montrer que les deux états n'étaient pas incompatibles et détruire le préjugé qui régnait à cet égard. Aussi put-on remarquer à cette assemblée les ducs de la Force et de Chaulnes, le Maréchal d'Estrées et autres personnages de haute extraction.

Le privilège exclusif de la vente du tabac et du café fut confirmé à la Compagnie dans cette assemblée du 27 septembre 1723 où l'on prépara le compte qui fut arrêté le 20 novembre suivant, montant à deux milliards sept cent millions par lequel elle se trouva quitte envers le Roi.

A vrai dire, les appâts du défunt système avaient devancé les efforts du Régent pour la fusion des classes dans le royaume, et l'on peut dire que, si l'entreprise avait eu ses désastres, elle n'avait pas été non plus sans prouver ses avantages.

Les citoyens de toute sorte s'étaient coudoyés et bousculés dans la rue Quincampoix, et l'inégalité des conditions s'était considérablement effacée devant l'égalité des passions; la ruine abaissait les uns, la fortune relevait les autres. On sentait d'instinct tout ce qu'il y avait de conventionnel dans les différences sociales jusque là admises.

Deux choses seulement conquéraient une supériorité qu'elles ne devaient plus perdre et qui les rendaient arbitres des destinées de tous en France : c'était, d'une part, la puissance intellectuelle qui, par la simple formule du calcul d'un aventurier écossais, avait secoué, bouleversé, enfiévré tout un grand pays, mis au grand jour toutes les richesses cachées et improductives, et redonné, avec de nouvelles idées, une nouvelle vie à la France : c'était, d'autre part, la haute valeur du travail dont la fécondité multipliait à l'infini les ressources et les jouissances de la fortune au profit de tous, et qui se trouvant le véritable champ inépuisable de l'activité intellectuelle, appelait, par cela même, le concours laborieux de tous les esprits.

Si un certain nombre de familles se trouva

ruiné par le tourbillon de Law, une autre quantité se releva par le facile paiement de ses dettes et perdit cette timidité à la dépense, cette inclination à cacher l'argent, dont l'effet avait stérilisé l'existence de leurs semblables. Tous les débiteurs gagnèrent une partie de ce que perdirent les créanciers et ce fut une répartition plus équitable de la fortune. En un mot, l'argent ne fit que changer de mains.

La culture et les manufactures s'enrichirent en profitant de ce prodigieux mouvement de la fortune publique, fluctuant de tous les côtés à la fois. Qu'après la tourmente, il y eût un moment de calme et de repos relatifs, soit ! mais l'impulsion était donnée et devait suivre son cours dans le sens des idées nouvelles (1).

(1) Citons l'opinion de Toussenel : « La seule compensation à tant de pertes était d'avoir supprimé beaucoup d'offices inutiles, racheté plusieurs branches de revenus aliénés, et diminué de moitié la dette publique. On eût pu se féliciter des effets du système pour l'économie politique, s'il n'eût fait que déplacer les fortunes, mobiliser la richesse et lancer les esprits dans les grandes spéculations du commerce et de l'industrie ; mais il avait détruit la simplicité des vieilles mœurs, répandu partout la corruption et la cupidité ; il n'entraîna pas dans sa chute le luxe et les plaisirs nés dans sa prospérité factice. Avec ces mœurs dépravées qui ne se rétablissent que par la

Les particuliers enrichis avaient compris que l'industrie et le commerce étaient les véritables chemins de la fortune. Cet ensemble de circonstances rendait confiance à la Compagnie des Indes rentrée en elle-même, livrée à sa mission propre ; cela suffisait pour alimenter son activité, quelqu'infatigable qu'elle pût être.

Les magasins de la Compagnie, qui réunissaient toutes les marchandises françaises propres aux colonies, voyaient, d'autre part, s'entasser dans leurs murs les produits bruts ou manufacturés convergeant de tous les points du globe.

Les pays de l'Asie brillaient par la multiplicité et l'excellence des produits ; c'étaient toutes sortes de toiles de coton blanches, des mousselines unies ou brodées, des soies écrues, de la droguerie, des espèces, des métaux, à quoi on ajouta, en 1724, les mouchoirs de coton, de soie et d'écorces.

C'étaient le thé, l'indigo, la cannelle, le sucre

révolution d'un État, il laissait aux particuliers plus d'audace, au gouvernement plus de défiance, et préparait à loisir leur division fatale. »

candi, les porcelaines et cabarets de la Chine, et encore le salpêtre, les bois de teinture et de marqueterie, les bambous, la laque, le benjoin, les cauris, petits coquillages servant de monnaie aux Indes. Ces marchandises pouvaient être consommées en France ; mais il se trouvait d'autres articles dont l'entrée restait prohibée et qui ne devaient s'y vendre que pour être réexportés à l'étranger, tels les étoffes de soie pure et de soie et coton mêlés, ou encore lamées d'or et d'argent, les étoffes d'écorces d'arbre et les toiles de coton peintes ou rayées de couleurs.

Cette prohibition avait pour objet d'écarter une concurrence nuisible aux manufactures nationales. Les entrepôts de ces objets s'élevaient à Lorient et à Nantes.

Nous avons dit que la Compagnie possédait le commerce exclusif du castor, au Canada. Ne se trouvant pas en situation de mettre en usage cette partie de son privilège et, craignant que par suite le castor ne manquât en France, elle obtint en 1720 que cette clause du privilège serait remplacée par un droit d'entrée de neuf sous par livre de castor gras, et de six sous par livre de castor sec.

Les négociants devaient pourvoir directement la France ; mais, l'année suivante, la Compagnie réclama le rétablissement du privilège exclusif ; les Canadiens protestèrent. Mémoires sur placets furent présentés des deux parts, et il fut sursis à l'arrêt de rétablissement du 30 mai 1721, pour obtenir l'avis de l'Intendant de Québec.

En attendant, les négociants de la Rochelle firent acheter tous les castors disponibles au Canada et, la Compagnie ayant eu le dessus, ils firent leurs conditions pour le rachat de leurs castors. Les prix qu'ils obtinrent furent ensuite appliqués aux castors achetés dans le Canada.

La Compagnie avait encore, comme nous savons, et lui venant de la Compagnie d'Occident, le privilège du Cap Vert, du Sénégal et des Côtes d'Afrique, pour le trafic des cuirs, de la gomme, de l'ivoire, de la cire et autres marchandises, et pour la traite des noirs.

Cette traite, dans les mains de la Compagnie d'Occident, avait été restreinte à la côte comprise entre le Cap Blanc et la rivière de Sierra-Leone, la partie, entre cette rivière et le Cap de Bonne-Espérance, ayant été concédée, en

1685, à la Compagnie dite de Guinée. Elle possédait concurremment, avec celle du Sénégal, le privilège de porter des nègres aux Colonies.

Mais la Compagnie de Guinée étant, en 1705, au terme de sa concession, le Roi, sur la représentation des négociants, avait consenti à ce que le commerce devint libre, là où la Compagnie de Guinée avait eu son privilège, et ce, sous certaines conditions, notamment que les trafiquants n'armeraient que dans les ports de Rouen, la Rochelle, Bordeaux et Nantes.

Le grand concours que cette liberté avait amené sur les côtes de la Guinée, eut des inconvénients ; le prix des nègres, de la poudre d'or et autres « marchandises » qu'on y achetait, haussa considérablement, en même temps que baissait le prix des marchandises qu'on y importait.

Ceci détermina le Conseil, le 27 septembre 1720, à remettre ce commerce dans une seule main, celle de la Compagnie des Indes, qui déjà exploitait le privilège sur les côtes, au nord de la Guinée. Elle fut tenue de porter au moins trois mille nègres par an en Amérique, et de faire, sur la côte d'Afrique, des établissements qui prépareraient les cargaisons, afin que les navires n'eussent pas à y séjourner, et il fut interdit à tous autres sujets du Roi de transporter des nègres, de quelque pays que ce fût, aux îles françaises.

Mais les Colonies firent des oppositions à ce dernier article, oppositions telles que la Compagnie dut accorder à d'autres des permissions pour porter des nègres aux îles, concurremment avec elle. Les négociants qui voulaient exploiter la traite, prenant les nègres dans les pays de sa concession, lui payaient un droit. Elle recevait pour chaque tête de nègre débarqué aux îles, treize livres que le Roi voulait qu'on lui payât par forme de gratification.

Le commerce du café était libre au moment où en 1723 la Compagnie des Indes en reçut le privilège; mais il ne l'avait pas toujours été. L'usage du café, provenant d'abord de Moka et de Bourbon, ne s'établit que vers 1669, et ce fut en 1692 qu'on songea à en monopoliser la vente.

Cette ferme devait finir en 1697. Le fermier devait toucher par an trente livres à Paris, et dix livres ailleurs, pour en permettre le débit. Mais le prix du café s'étant par suite élevé de vingt-sept à vingt-huit sous la livre, jusqu'à quatre livres, la consommation s'en trouva réduite à ce point que la ferme était menacée de ruine.

Le prix du café fut alors fixé à cinquante sous la livre. Toutefois, dès l'année suivante, le privilège fut révoqué et changé en un droit de dix sous par livre. Quand le privilège se trouva rétabli en faveur de la Compagnie des Indes, l'entrée de tout autre café que celui qu'elle apportait fut défendue jusqu'en 1732. A cette époque, les planteurs de la Martinique, ayant objecté au Conseil la disparition de leurs cacaoyers et l'acclimatation du café dans l'île, demandèrent la faculté d'entrer leur café en France, pour s'y trouver entreposé dans les huit principaux ports, ce qui leur fut accordé.

La Guadeloupe, la Grenade et Marie Galante obtinrent la même faveur, et Cayenne et Saint-Domingue l'eurent en 1735. Après cette permission d'entrepôt et de transit en franchise pour l'étranger, les colonies obtinrent la liberté du commerce, puis la consommation de leurs cafés dans le royaume, en payant les droits d'entrée établis, soit dix livres par cent pesant de café.

On peut finalement se faire une idée de la nature et de l'importance des opérations qui se trouvaient être dans les attributions de la Compagnie des Indes. Cependant il convient d'indiquer en quelques mots le mécanisme que le fonctionnement de la Compagnie mettait en jeu.

A l'époque de son plein exercice, où l'expérience acquise associait les meilleurs résultats à la régularité du jeu des organes, il y avait trois conseils supérieurs dans les diverses concessions de la Compagnie, et il s'y trouvait attaché le nombre d'officiers nécessaires pour connaître et juger en dernier ressort les appels apportés par chaque comptoir, les comptoirs ayant l'importance des autres conseils, d'ordre subalterne, connus sous le nom de conseils provinciaux. Ils servaient, en même temps, pour les opérations commerciales et occupaient une infinité de commis et d'artisans. De plus, la Compagnie entretenait, dans ses forts, quantité de troupes réglées pour la sûreté de ses agents et de son commerce.

Elle possédait trente vaisseaux de quatre cents à huit cents tonneaux et portant de vingt à quarante pièces de canon. C'était moins que lors de son bilan de 1720 ; mais à ce moment, on possédait encore le matériel tout neuf, le matériel considérable en rapport avec le fonds énorme et la situation grandiose dont les débuts semblaient assurer la durée ; c'est à partir de cette époque que le désastre de la Banque, en entamant le crédit de la Compagnie, lui avait imposé l'obligation de restreindre, avec ses prétentions, l'importance de ses moyens d'action.

On maintint cependant ceux-ci au niveau des besoins et la Compagnie n'avait pas moins de dix mille hommes à ses gages pour la marine et les opérations commerciales.

Un magnifique hôtel formait à Paris le siège de la Compagnie, ainsi que le lieu de réunion de ses administrateurs. La présidence était ordinairement dévolue à un membre des Conseils du Roi. On n'y rencontrait plus trente directeurs particuliers comme à la fin de 1719. Six à présent, avec deux syndics, un secrétaire et un caissier général. Le paiement des dividendes et autres effets s'opérait deux fois l'année, en janvier et en juillet.

Enfin, il ne faut pas oublier que la Compagnie possédait, en France, le port de Lorient où s'édifiaient ses constructions, où se préparaient ses armements. Ce port, qui se trouvait dans l'héritage de l'ancienne Compagnie des Indes Orientales, recueilli par la Compagnie des

Indes, ne datait guère que de 1666. L'ancienne Compagnie, voulant un port qui fut sa propriété, l'avait créé de toutes pièces, et l'avait transporté d'emblée du néant à la prospérité.

Rien n'existait sur ce rivage, au fond de la baie de Port-Louis, quand la Compagnie y apporta la vie avec son industrie. Quais, magasins, entrepôts, observatoire, chantiers s'y étalèrent subitement et, avec eux, tout l'ensemble d'une ville opulente et forte, et tous les accessoires spéciaux en rapport avec sa mission particulière, des bassins, des passes, des aqueducs, un hôpital, des casernes, un moulin à poudre, tout cela solidement bâti et ses rues pavées avec le granit du Scorff et du Blavet.

Puis la ville se peupla d'hôtels magnifiques et la campagne de villas. Quant à la Compagnie, elle ne cessa d'y faire affluer les richesses qui venaient de l'Inde, les marchandises, les flottes et les troupes qu'on y envoyait.

Ce n'était pas un des moindres privilèges de la Compagnie que la libre possession de ce port, où son activité se doublait par sa concentration, et qui formait comme une sorte de point ombilical par où la colonie vivait sur le sein de la mère patrie. Aussi les Anglais eurent un jour la velléité de détruire ce port, afin de ruiner la Compagnie ; ce fut en 1747. Ils débarquèrent au nombre de cinq mille hommes sous les ordres de Sinclair, et la ville sommée allait se rendre quand le vent tourna brusquement. Sinclair, craignant d'être abandonné par la flotte, se rembarqua en toute hâte.

Lorsque les ressources du port de Lorient risquaient de n'être plus à la hauteur de sa mission, le port de Nantes venait à la rescousse, et même, d'après l'arrêt du 19 mai 1734, les marchandises du commerce de l'Inde, tant permises que prohibées, jouirent dans le port de Nantes des mêmes faveurs que dans celui de Lorient, soit pour l'entrepôt, soit pour l'expédition par mer et le transit par terre. Là, comme à Lorient, ce qui était destiné pour la construction, le radoub, l'armement, l'équipement et l'avitaillement des vaisseaux de la Compagnie restait exempt de tous droits d'entrée et de sortie.

A la suite de la violente et longue secousse que la chute et la liquidation du système avaient imprimée à tout l'organisme de la Compagnie, le cours de ses affaires demeura languissant pendant plusieurs années ; elle eut le loisir de se plier à des allures calmes et réfléchies qui conviennent à de vastes entreprises de ce genre.

Dès 1726, le nouvel esprit qui animait la Compagnie commençait à porter ses fruits. Moins préoccupé de faire grand, on était arrivé à mieux faire, et une douzaine d'années plus tard, vers 1738, sous la présidence de M. Orry de Fulvy, Intendant des finances, frère du Ministre de ce nom, l'état de la Compagnie se trouvait très florissant.

Cependant, à considérer les événements multiples, parfois romanesques et souvent dramatiques dont se trouva largement semée l'existence de la Compagnie, à juger de l'esprit aventureux, du caractère original, des hautes facultés comme aussi des travers éminents qui signalèrent presque tous les hommes que le service de la Compagnie mit en évidence, il semblerait qu'elle avait conservé dans son tempérament, et inoculé à ses serviteurs, quelque chose du souffle turbulent et ambitieux du temps de ses origines, quelque chose des circonstances orageuses dont ses débuts avaient subi l'influence.

Il n'y a, pour s'en convaincre, qu'à se rappeler la prospérité atteinte par nos colonies, sous la Compagnie, et sitôt suivie du plus complet désastre ; il n'y a qu'à nommer La Bourdonnais, Dupleix, Bussy, Lally et d'autres, tous montés à des hauteurs si considérables pour tomber ensuite dans des précipices vertigineux ; c'était comme une répétition généalogique du sort de Law.

C'est cette chronique de triomphe et de décadence qu'il nous reste à esquisser aux divers points de vue que présentait le monopole commercial de la Compagnie des Indes.

VII

Voyons d'abord ce qui était advenu de ce
fameux Mississipi qui servit de base aux espérances de la Compagnie d'Occident, en surex-
citant les imaginations.

La Louisiane, sous un ciel brûlant, n'en possédait pas les inclémences. Son sol ressemblait,
vers le bas de la colonie, à celui de l'Égypte
après le débordement du Nil. Le poisson et le
gibier s'y rencontraient en abondance. Les
fruits du nord y prospéraient comme ceux des
tropiques. On y pouvait cultiver avec succès le
riz, la canne à sucre, l'indigo, le coton, le maïs,
le blé, les légumes et surtout le tabac.

Il n'y avait pas jusqu'aux eaux du Mississipi
qui n'eussent un renom de pureté et de goût

agréable. On alla même jusqu'à prétendre qu'elles favorisaient la fécondité des femmes. Les forêts renfermaient d'excellents bois de construction et de teinture. Il y avait de vastes prairies pour l'engrais des bestiaux. La faune procurait toutes sortes de cuirs et de fourrures; on y rencontrait des minerais de cuivre, de fer, de plomb.

Eh bien ! ce n'était rien de ce qui s'y trouvait qui motivait le prestige de la Louisiane : c'était l'or absent. Et il semble que la Compagnie, tout en reconnaissant son erreur à cet égard, n'y renonça qu'avec peine, et, regrettant ce qui manquait, n'eut pas le courage de tirer parti de ce qu'il y avait, en poussant fermement aux pratiques agricoles. Elle s'y résolut cependant, et commença quelques entreprises en ce sens, mais sans conviction.

En 1722, M. de Bienville, Gouverneur, concentra l'administration renouvelée, à la Nouvelle-Orléans. La Compagnie entretenait là, en outre du Gouverneur, deux lieutenants du Roi et trois majors, un bataillon français et deux cents Suisses. Quant à l'autorité, elle résidait au fond entre les mains des administrateurs et des commis de la Compagnie.

On avait fait appel à des cultivateurs et il en arriva de France et d'Allemagne; il y eut même un moment d'entrain, malgré le peu de précautions prises pour subvenir aux premiers besoins. Les premières familles, attirées par de bonnes promesses, débarquèrent sur le sable, sans pouvoir trouver d'autre abri que le ciel, ni aucun des secours nécessaires après une longue traversée. Ce piteux début les accabla de misère et de chagrin; il en mourut un grand nombre.

D'autre part, plusieurs maisons de France, propriétaires de concessions, avaient dû verser dans la caisse de la Compagnie, à Paris, les sommes que leurs agents devaient reprendre dans la caisse de la Louisiane; celle-ci fut bientôt épuisée et les embarras commencèrent faute de numéraire.

La Compagnie envoya des instructions et de la monnaie de cuivre. Les instructions furent mal observées et le cuivre méprisé. Les colons, désespérés de ne pouvoir refuser une monnaie discréditée, languissaient dans le besoin, ou abandonnaient le pays.

Cependant, une couple de villages s'établirent sur le territoire des Arkansas. Ils se composaient d'Allemands et d'engagés provençaux. Pour les flatter et les encourager, sans doute, on avait érigé leur territoire en Duché. On y avait transporté des équipages pour une compagnie de dragons, et des marchandises pour plus d'un million.

Mais, après la débâcle de Law, la Compagnie ne se trouva plus en humeur d'aventures ; elle reprit ses marchandises, laissant là les Allemands et les provençaux. Ces derniers se dispersèrent, et les Allemands, quittant la place, allèrent s'installer à quelques lieues au-dessus de la Nouvelle-Orléans où ils établirent des cultures maraîchères pour la ville. On voit là des exemples de l'imprévoyance et de l'incurie locales qui eussent rendu stériles même les meilleures intentions de messieurs de Paris.

Le mal devenait, au fond, plus particulièrement le fait des administrateurs locaux, tantôt incapables, tantôt cupides et malversateurs, tantôt indifférents ou despotes, et abusant de leurs hautes fonctions. Souvent encore, les autorités civiles et militaires se montraient en désaccord, et les conseils, mal composés, rendaient une justice complètement défectueuse. Leurs membres n'arrivaient là souvent que par l'intrigue ou sur les sollicitations des familles qui voulaient expatrier des parents dangereux. Tout cela qui n'offrait rien de spécial à la Louisiane, mais se rencontre plus ou moins dans toutes nos colonies, détériorait les meilleures conditions locales de prospérité.

Les relations avec les peuples indigènes de l'Amérique, exigeaient un tact et une prudence auxquels certains chefs, tant civils que militaires, ne se croyaient pas tenus. De là des haines, des vengeances, d'interminables conflits qui empêchaient ou ruinaient les établissements nouveaux. Les velléités de propagande religieuse apportaient encore un ferment de discorde, et la Compagnie n'osait pas s'opposer aux agissements des corporations religieuses dont les missionnaires contrariaient l'œuvre civilisatrice par des manœuvres intempestives.

C'est ainsi que dès 1723 les Capucins vinrent s'installer à la Nouvelle-Orléans ; deux ans après ce fut le tour des Jésuites, puis des Ursulines.

En 1720, un certain abbé de Saint-Côme avait été victime d'un assassinat pour trop de zèle religieux ; de longues hostilités s'en étaient suivies.

C'est ainsi que, par des procédés maladroits vis à vis des sauvages et des mesures vexatoires vis-à-vis des colons, les agents de la Compagnie ne satisfirent pas à ce que réclamait la bonne administration des établissements de la Louisiane.

Cependant, à la longue, et par la force des choses, certaines cultures prenaient quelque extension, certaines industries s'organisaient, certains trafics s'entamaient. L'indigo, le riz, le tabac donnaient des produits avantageux.

La *Mobile* acquérait de la notoriété par ses goudrons, son bois de cèdre, son minerai de fer qui affleurait le sol sur les bords de la rivière aux poissons, et qui se trouvait d'une richesse de rendement exceptionnel, quatre-vingts pour cent.

Les sauvages apportaient des peaux de chevreuil en quantité, ainsi que des peaux d'ours et de bison. Il descendit du fort de Chartres, par le Mississipi, du castor, du sel, du plomb, dont une mine très riche existait par là et subvenait à la fabrication des balles et au service de la colonie.

C'était là peu de chose encore, mais on y trouvait des espérances pour l'avenir, lorsque la mauvaise conduite et la dureté d'un chef amena la catastrophe des Natchez, catastrophe qui se répercuta sensiblement sur la détermination prise par la Compagnie au sujet de la Louisiane. Il fut, en tout cas, un nouvel exemple du tort que portait à la destinée des colonies le choix inconsidéré des hommes chargés de les administrer.

Le poste des Natchez, à quatre-vingts lieues au nord de la Nouvelle-Orléans, formait à cette époque un établissement important, car les Natchez représentaient une nation considérable. Ils avaient, dès l'abord, témoigné beaucoup de sympathie pour les Français, en dépit des manœuvres exercées par les gouverneurs anglais de la Virginie et de la Caroline, pour les éloigner de nous et se les attirer.

Déjà, en cette année 1729, ils avaient passé un traité d'amitié avec les Chérokées et obtenu la permission d'établir chez eùx des magasins de traite.

Le poste des Natchez se trouvait alors sous le commandement d'un sieur de Chépar, homme avide, autoritaire et brutal, également détesté des Français et des indigènes. Sur des plaintes portées à M. Perrier, alors gouverneur de la

Louisiane, le sieur de Chépar dut rendre compte de sa conduite ; mais, grâce à ses intrigues, à ses protections, le poste lui fut conservé. C'est ainsi que les Natchez, qu'il exploitait sans limite, furent amenés par la logique des choses à se liguer contre lui pour arriver à le supprimer, ce qui, sur les incitations anglaises, se compliqua et dut comporter la ruine, non seulement du poste des Natchez, mais encore celle des postes existant chez d'autres nations voisines entraînées par les Natchez.

Le complot fut dénoncé en secret à plusieurs Français par des femmes indiennes ; mais, M. de Chépar, à son tour informé, reçut les avis avec une arrogance inouïe et fit même punir ceux qui les lui révélèrent dans un but de bienveillance sympathique, de sorte que le 28 décembre 1729, jour fixé pour l'exécution de la révolte, arriva sans qu'aucune précaution eût été prise.

Dans la matinée, les indigènes se trouvaient répandus parmi les Français, lorsque plusieurs coups de fusil retentirent. C'était le signal du massacre ; il commença avec une férocité sans égale. Les frères de Kolly, principaux commis de la Compagnie, furent tués les premiers. Une seule maison, celle d'un M. des Ursins, put offrir une courte résistance en abattant quelques indiens avant de succomber. Deux mille victimes environ se trouvèrent parmi les Français et les nègres habitant chez les Natchez. M. de Chépar dut être un des premiers frappés.

On ne s'étonnera pas d'apprendre que cet acte de sauvagerie reçut la punition qu'il méritait. Les Natchez, poursuivis par les Français, se dispersèrent dans toutes les directions ; un millier, qui se fit prendre, fut vendu comme esclaves à St-Domingue ; mais le pays resta désert, et les affaires de la Colonie, déjà fort inactives, reçurent un contre-coup funeste d'un si terrible événement.

La Compagnie, autant sollicitée par les espérances que lui donnaient les Indes, que repoussée par la perspective des efforts que la Louisiane paraissait devoir lui coûter, se résolut à abandonner cette dernière et à remettre au Roi le privilège qu'elle en tenait. Cela se passa en 1731. En quoi elle fit sagement, dans son intérêt ; car après le massacre des Natchez le pays en feu resta longtemps inhabitable.

Le Gouvernement, d'ailleurs, ne réussit pas mieux que la Compagnie ; les mesures insuffisantes qu'il adopta, pour la répression des peuplades insurgées, n'aboutirent qu'à des désastres. Les malversations des Administrateurs et l'insécurité du pays firent abandonner, à un grand nombre de colons, un séjour où leur liberté, leur existence même, se trouvaient sans cesse menacées.

Pour remplir le vide de ces émigrations, on envoya des troupes et de nouveaux habitants. Par malheur, ces troupes n'étaient qu'un ramassis d'anciens déserteurs amnistiés, tous plus ou moins voleurs, plus ou moins assassins, que l'on expatriait pour s'en débarrasser.

Quant aux colons qu'ils étaient chargés de protéger, ils ne présentaient pas une surface capable d'attirer sur eux les sympathies de leurs protecteurs. Mendiants et sans aveu, pour la plupart, ils abandonnèrent bientôt les terrains qu'on leur avait concédés, pour chercher une existence plus conforme à leurs propres goûts. Les hommes établirent des tavernes, refuges scandaleux des soldats ; les femmes se prostituèrent et, finalement. le Mississipi, où les minés d'or n'existaient pas, où la richesse agricole n'avait point été développée, devint un réceptacle de vagabonds, de filles de mauvaise vie et de scélérats en rupture de ban.

Il se trouvait cependant une telle vitalité dans ce pays qu'au moment même où commençait la guerre de sept ans, la sage administration de M. de Kerlerec, alors gouverneur, non seulement lui permit de résister aux Anglais, mais encore y amena, par les défrichements et l'abondance des récoltes, une prospérité qui fit comprendre toute l'étendue des fautes commises jusqu'à ce jour, et ce fut précisément alors qu'un vaisseau y apporta l'accablante nouvelle de la cession, par le Roi, de cette province à l'Espagne (1).

Nous avons, en quelques pages, voulu mener la Louisiane de la sortie des mains de la Compagnie, jusqu'à sa sortie du domaine français. En ce qui concerne le Canada, dont le sort devint rigoureusement le même, la Compagnie n'y fut interrompue dans la jouissance de son privilège que par l'occupation anglaise,

(1) A la suite du traité de Paris, comme l'Espagne, tout en recouvrant Cuba et Manille, perdait, au profit de l'Angleterre, la Floride et la baie de Pensacola, la France l'en dédommagea, quelque temps après, par la cession de la Louisiane (Victor Duruy).

rendue définitive par l'usurpation anglaise.

Par la mauvaise administration, par les tolérances dangereuses laissées aux fonctionnaires, dont la conduite de l'Intendant Bigot montra les abus, on ne tirait qu'un faible parti commercial des ressources du Canada : bois, fer, cuivre, chanvre, etc. Le seul trafic important constituait celui des pelleteries. Il devint très lucratif et, par suite, fort disputé entre les Français et les Anglais. Il était la principale cause de la lutte locale si acharnée entre ces deux peuples également jaloux d'étendre leur influence sur les tribus indiennes occupant les terres de chasse et qui, par suite, fournissaient les pelleteries à celui qui savait le mieux imposer son alliance.

Libres d'allure, les colons anglais fabriquaient à meilleur marché que nous les marchandises de troque et les établissaient dans le goût des indigènes. Les Français les recevaient de France telles quelles, et souvent peu en harmonie avec la convenance des acquéreurs. D'autre part, les Anglais fournissaient de l'eau-de-vie aux Indiens, tandis que cette libéralité était interdite à nos nationaux.

Enfin, la Compagnie des Indes payait peu ses

troqueurs ; ceux-ci, de leur côté, ne pouvaient donner aux sauvages que deux livres par livre de castor, alors que les troqueurs anglais payaient trois et quatre livres. Il est vrai que la Compagnie réalisait un bénéfice énorme de six à sept cents pour cent ; mais en revanche, elle perdait sur l'ensemble des opérations et contribuait à nuire à la politique nationale ; car la sympathie plus grande qu'avaient pour nous les indigènes, sympathie qui les portait à préférer notre amitié à celle des Anglais, se trouvait en lutte avec leur intérêt, lequel les entraînait à commercer, de préférence, avec nos ennemis. De là la lenteur du progrès au Canada.

Cependant la stimulation que procurèrent Law et la Compagnie des Indes aux affaires coloniales, eut d'heureux effets, qui se traduisirent en une augmentation considérable de la population, laquelle, en vingt-cinq ans, s'éleva de vingt-cinq à cinquante mille âmes, en 1745.

On avait construit l'importante place de Louisbourg, à l'entrée du Saint-Laurent, et nombre de forts sur les lacs, en même temps que plus à l'Ouest, le pays avait été exploré par d'intrépides voyageurs commissionnés par le marquis de Beauharnais, successeur de M. de Vaudreuil dans le Gouvernement du Canada.

Toutefois, ce ne fut pas là que la Compagnie obtint ses meilleurs résultats, et l'on sait le désastre final qui fit perdre à la France la Nouvelle France.

VIII

L'activité de la Compagnie n'avait pas un moins vaste champ d'exercice de l'autre côté de l'Atlantique, sur la côte occidentale d'Afrique où son monopole commercial avait réuni ceux des Compagnies du Sénégal et de Guinée.

On a dit du Sénégal que ce n'était qu'un comptoir et qu'il ne pourrait jamais devenir une colonie, sous prétexte du climat, contraire à la population blanche, et de la nature des produits qui, d'une façon générale, ne résultent pas d'une culture ; exemple : la gomme, l'ivoire les cuirs, la poudre d'or.

Il en pouvait être ainsi au siècle dernier, car, si depuis, certains végétaux n'ont pas réussi, il n'est pas démontré que beaucoup d'autres, comme l'arachide, par exemple, ne puissent devenir l'objet d'un commerce des plus actifs.

Tout en réservant l'avenir, qui seul pourra nous faire connaître la culture réservée à la côte d'Afrique, il est certain que la Compagnie des Indes ne comptait guère sur des ressources de ce genre, et n'organisait ses établissements qu'au point de vue de ses rapports commerciaux avec les indigènes.

La cession faite par la Compagnie du Sénégal à la Compagnie des Indes se trouvait formulée par les termes mêmes des lettres patentes de 1696, qui établissaient ses propres droits, et, dès lors, précisaient ce qu'elle cédait.

« Comme le commerce qui se fait au Sénégal et sur les côtes d'Afrique, disaient ces lettres patentes, est des plus considérables, tant par le trafic des cuirs, gomme, morfil, cire, poudre et matières d'or et autres marchandises fines, que par les nègres qu'on porte aux îles d'Amérique... nous avons résolu de maintenir ce commerce important... ». Ces lettres patentes donnaient à la Compagnie *la jouissance en toute propriété des forts, habitations, terres et pays appartenant ci-devant à l'ancienne Compagnie, tant en vertu des traités faits avec les Rois noirs ou à*

titre de conquête, tant dans l'île et château d'Ar-
guin, rivière et fort du Sénégal et leurs dépen-
dances, rivières de Gambie, Bissao et autres ri-
vières qui sont le long de la côte d'Afrique, depuis le
Cap blanc jusqu'à la rivière de Sierra Leone, que
dans tous les pays de sa concession, même du fort
de Gambie ci-devant occupé par les Anglais et sur
eux récemment pris, ainsi que de l'île de Gorée et
dépendances.

La branche la plus importante du commerce local consistait dans la traite des noirs, car la Compagnie devait fournir d'esclaves les îles d'Amérique. La gomme formait encore un article précieux et l'on avait tout particulièrement en vue l'extension du commerce de l'or dont on savait qu'il existait de riches mines dans l'intérieur.

Le fleuve Sénégal offrait une voie doublement intéressante au point de vue de la gomme et de l'or. Les principales forêts, produisant les gommes blanche et rouge, se trouvaient non loin de la rive gauche du bas Sénégal, le long duquel s'échelonnaient les escales où les Maures, propriétaires des forêts, apportaient les récoltes aux traitants.

D'autres forêts de gommiers existaient plus

haut, dans le pays de Galam. Puis, en remontant encore le fleuve, on se trouvait à portée des montagnes du Bambouk, que la notoriété dotait de riches mines d'or, ce dont, d'ailleurs, portaient témoignage les sables et limons des rivières de la haute Sénégambie.

Quand la Compagnie des Indes eut reçu le privilège dont jouissait auparavant la Compagnie du Sénégal, en payant à celle-ci un million six cent mille livres pour sa concession, ses établissements, forts, comptoirs et effets, elle eut le bon esprit de conserver à son service, au titre de Directeur et de Commandant général de toute la concession, M. Brué, dont l'administration avait fait prospérer les affaires de la Compagnie du Sénégal, et qui se trouvait encore dans ce pays.

Il vint en France en 1720, où il fut attaché à l'Administration de Paris dont il fut l'âme et le Conseil. Mais il ne tarda pas à retourner au Sénégal, où sa présence était nécessaire pour aplanir diverses contestations, et mener à fin plusieurs expéditions importantes, en quoi son intégrité et ses lumières rendirent à la Compagnie les plus grands services.

C'est lui qui, déjà, sous les précédentes Compagnies, avait dirigé des expéditions vers le haut du fleuve Sénégal au milieu de difficultés immenses et procédé à la fondation de cette série de forts qui sont devenus les étapes de la navigation du fleuve et du progrès de la civilisation sur cette artère qui met la côte en relation avec les profondeurs du pays noir. Ce furent d'abord le fort Saint-Joseph à Dramarie, le fort Saint-Pierre dans la Faleiné, celui de Farabona dans le Bambouk.

Ce n'est pas que tout marcha sans entraves. La cupidité et la jalousie hantaient le personnel au détriment de la Compagnie. Le choix des agents à qui on confiait le commandement des postes laissait à désirer, comme en Amérique, et il arriva à l'établissement de Dramarie, et par les mêmes causes, ce qui était arrivé aux Natchez. Les indigènes, irrités par les vexations et les mauvais traitements du chef, se soulevèrent, massacrèrent tout le personnel du poste, pillèrent les marchandises et saccagèrent le matériel.

Ce commandant passait cependant pour un homme instruit qui, en 1730, avait été envoyé par la Compagnie, avec mission de vérifier ce qu'il y avait de fondé, dans les rapports des agents, concernant la richesse des mines d'or du Bambouk et du Bondou qui, disait-on, devaient donner un bénéfice de cinquante pour cent. Revenu en France, avec des renseignements favorables, il avait été renvoyé en Afrique, pour préparer l'exploitation, avec le titre de commandant à galons.

Sa mort fit abandonner à la Compagnie son projet sur les mines ; mais elle le reprit sur la proposition que lui en fit, en 1741, M. David, Directeur général à Saint-Louis ; et elle s'y détermina d'autant mieux que M. Brué exprimait son opinion à cet égard dans les termes suivants : « Les mines d'or du Bambouk sont en si grand nombre et si aisées à travailler qu'ayant envoyé, en 1716, le sieur Compagnon pour les reconnaître, il a vu en beaucoup d'endroits gratter la superficie de la terre en plein champ, la laver et en tirer l'or très pur, tel que la Compagnie le fait acheter. L'idée du sieur Compagnon est que si ces mines étaient travaillées elles rapporteraient beaucoup plus que celles du Pérou. »

M. David, chargé de préparer les voies, établit plusieurs comptoirs à cette fin, et chargea un M. Delabrue de l'exécution. La guerre y mit empêchement. Toutefois, on ne perdit pas les projets de vue et les établissements formés furent entretenus ; lorsqu'en 1756, de nouveaux gisements ayant été découverts à Kélimarie et à Natacon, des échantillons du minerai furent envoyés à Paris et reconnus très riches.

La Compagnie donna des ordres pour commencer enfin l'exploitation ; mais il était écrit qu'elle n'y mettrait pas la main, car, sur ces entrefaites, les Anglais s'emparèrent de Saint-Louis, en 1758, et tout se trouva de nouveau arrêté.

Au surplus, sauf en ce qui concerne ces mines, grâce à M. Brué et aux autres hommes distingués par leur science et leur zèle qu'employa la Compagnie, les établissements de la Côte d'Afrique prospérèrent dans ses mains. Elle fonda ou releva un certain nombre de forts, rétablit des comptoirs sur les côtes ou dans l'intérieur, notamment Podar, dans l'île au Morfil, entre deux bras du Sénégal, à soixante lieues de Saint-Louis. Tous ses établissements, bien gérés, devenaient pour elle une source de richesse.

Pendant environ quarante ans que la Compagnie des Indes usa de sa concession en Afrique, elle en garda exclusivement l'administration civile et militaire. Les Directeurs se signalèrent par la bienveillance de leur esprit et la prudence de leur conduite, menant à bonne fin d'importantes entreprises et s'appliquant surtout à faire régner l'union et la paix entre les divers peuples indigènes demeurés en relations avec eux.

Le mouvement commercial annuel entre la France et la côte d'Afrique, par les soins de la Compagnie, pouvait s'élever, pour les produits d'Afrique importés en France, tels que gomme, morfil, cire jaune, cuirs secs en poil, à environ trois millions de livres tournois, et pour les marchandises françaises exportées en Afrique à vingt millions environ. La grande différence de ces deux chiffres s'explique par les achats de nègres qui se trouvaient transportés directement aux îles d'Amérique, et leur valeur ne revenait ensuite en France que sous la forme de denrées coloniales.

Les Anglais, en s'emparant du Sénégal et de la Gorée, en 1758, mirent fin aux opérations de la Compagnie des Indes, sur la côte d'Afrique, d'autant que le traité de Paris, en 1763, ne restitua que la Gorée à la France ; mais les Français ayant repris le Sénégal de vive force, en 1779, le traité de paix conclu en 1783, avec l'Angleterre, consacra ce dernier état de choses ; à partir de ce moment, la colonie fut administrée par des Gouverneurs directement nommés par le Roi. Toutefois, en 1784, le privilège exclusif du commerce de la gomme fut accordé, pour neuf ans, à la Compagnie de la Guyane, puis transféré à une association de négociants, dite Compagnie de la gomme, puis Compagnie du Sénégal, laquelle eut aussi la traite des noirs, et finalement un décret de l'Assemblée nationale du 23 janvier 1791 déclara le commerce du Sénégal libre pour tous les Français.

Réunissant les droits et privilèges de toutes les compagnies commerciales antérieures, la Compagnie des Indes était appelée à en posséder elle-même un peu partout, et à exercer son action sur les îles qui, au delà du Cap de Bonne-Espérance se trouvaient à l'entrée de l'Océan Indien et formaient une escale sur la route maritime des Indes.

Le fort Dauphin, à Madagascar, nous l'avons dit, avait même été, pendant trois ans, de 1667 à 1670, le chef-lieu des possessions orientales de la Compagnie, et ce fut par suite du massacre survenu, en 1671, du personnel de ce fort, que ce siège du gouvernement fut transféré dans l'Inde. Mais la Compagnie des Indes Orientales avait conservé pied sur l'Ile Bourbon, où, dès sa concession, en 1664, elle avait installé un sieur Regnault, avec titre de Commandant, et une vingtaine d'ouvriers français, établis déjà dans ces parages, ainsi que quelques compatriotes, puis un certain nombre de nègres et de négresses.

Ce noyau s'était accru en 1667 de quelques colons venus sur des navires frétés en France pour Madagascar. Mais après le massacre du fort Dauphin, tous ceux qui avaient échappé arrivèrent à leur tour à Bourbon dont la population acquit bientôt de l'importance.

L'administrateur qui y résidait reçut en 1689 le titre de Gouverneur, et le premier qui le porta fut un sieur Habert de Vaubulon qui se fit détester par ses exactions, ce qui ne l'empêcha pas de se trouver plus tard fortement endetté vis-à-vis de la Compagnie des Indes Orientales.

Les premiers habitants de Bourbon avaient été surtout chasseurs et pêcheurs ; les chèvres sauvages et les tortues abondaient dans l'île. Ce fut même pour avoir voulu porter des restrictions à la chasse et à la pêche que le Gouverneur de Vaubulon commença à s'aliéner ses administrés. Toutefois ces restrictions qui tendaient à diriger les efforts vers l'agriculture étaient justifiées.

Puis les concessions de terres et les défrichements se multipliant, la colonie prit peu à peu du développement ; les cultures de blé et de maïs commencèrent, d'autres plus lucratives suivirent, et en 1718, les agents de la Compagnie indiquaient, comme matières de commerce à Bourbon, le café indigène, l'aloës et le curcuma, le faux benjoin, le gingembre, le piment et la laine. Le cotonnier existait dans l'île, mais à l'état de petite culture.

A cette époque, un peu antérieure à la Compagnie des Indes, il y avait à Bourbon un Conseil provincial avec appel au Conseil souverain de Pondichéry.

C'est dans ce temps, le 20 septembre 1715, que, sur les ordres du Roi (1), M. Dufrène, capitaine du vaisseau : *le Chasseur*, prit possession de l'île Maurice, déserte depuis l'abandon des Hollandais, et qu'il nomma *Ile de France* ; néanmoins, il n'y installa aucun établissement.

(1) Le Roi était mort dans l'intervalle (1er septembre 1715).

Ce ne fut que six ans plus tard, alors que la Compagnie des Indes existait et jouissait de son privilège sur ce pays, que, le 23 septembre 1721, eut lieu une nouvelle prise de possession par le chevalier de Fougeray, capitaine du navire : *le Triton*, et que M. de Beauvilliers, alors Gouverneur de Bourbon, y fit commencer tout aussitôt un établissement, en y envoyant des colons de son île.

La simplicité de mœurs, l'honnêteté, la bonne foi et l'esprit hospitalier qui caractérisent la population de l'Ile de France ont toujours été attribués à ce noyau primitif qu'elle tenait de Bourbon.

Aussitôt cet établissement fondé, le Roi jugeant que, par sa position, c'était tout spécialement à la navigation et au commerce d'Asie qu'il offrait des avantages, décida qu'il y avait lieu de le placer entre les mains de la Compagnie des Indes. Ce fut donc celle-ci qui fonda la colonie, qui en dirigea les cultures et l'administra par des gouverneurs de son choix.

Elle avait d'ailleurs déjà l'île Bourbon et, par un Édit de mai 1719, le Roi, tout en se réservant la souveraineté de Madagascar, en avait accordé le commerce exclusif à la Compagnie.

En 1723, celle-ci remplaça le Conseil provincial de Bourbon par un Conseil supérieur jugeant en premier et dernier ressort, et composé des directeurs de la Compagnie, de six conseillers, d'un procureur général et d'un greffier; en même temps, elle établissait un conseil provincial à l'Ile de France, relevant de celui de Bourbon pour les appels.

A M. de Nion succéda en 1726 M. Dumas dans le Gouvernement de l'Ile de France, et M. de Maupin remplaça celui-ci en 1728. Pendant ce temps les colons s'installèrent et se multiplièrent. Ou abattit des forêts, on construisit des maisons, on défricha, on sema, enfin on se livra à tous les travaux d'une société naissante.

Comme au Sénégal, la Compagnie avait là à son service et à sa solde des troupes particulières, une marine commerçante et militaire. Elle nommait les chefs et principaux officiers civils et militaires employés dans ces îles ; mais ces employés recevaient du Roi leurs provisions.

En 1733, M. Orry, ministre des finances, comptant la Compagnie des Indes dans son Département, envoya à l'Ile de France un officier du Génie pour constater quel parti on en pouvait tirer, au point de vue de la création d'un port de relâche et d'asile pour les vaisseaux de la Compagnie, et ce fut pour approprier l'Ile à ses aptitudes que deux ans après, en 1735, M. de La Bourdonnais, (1) habile marin et brave militaire, s'y trouvait envoyé comme Gouverneur.

M. de Cossigny, l'officier du Génie dont nous venons de parler, demeurait aussi chargé par la Compagnie de juger de l'opportunité d'un établissement dans la baie d'Antongil, à Madagascar ; mais il trouva la localité trop malsaine.

Aussitôt en possession de son gouvernement, en juin 1735, M. de La Bourdonnais s'était mis à l'œuvre. Sur les deux ports que l'Ile offrait à la navigation, celui du Nord-Ouest, devenu Port-Louis, fut choisi comme répondant mieux aux vues de la Compagnie, et mis en état.

Le Conseil provincial de l'Ile devint conseil supérieur avec les attributions les plus étendues et comprenant, non seulement le commerce et la politique, mais encore la justice, la police, les finances, la culture.

(1) Mahé de La Bourdonnais (1699 1751).

Le Conseil accordait les concessions, distribuait les terres, introduisait les espèces, entretenait un papier pour la circulation intérieure, délivrait des traites sur le Caissier de la Compagnie, à Paris, procurait aux habitants des approvisionnements en tout genre et recevait en paiement les productions de la Colonie, au prix qu'il fixait lui même. Le premier conseiller devenait le chef de l'Administration, en cas d'absence du Gouverneur.

La Colonie fut purgée des noirs marrons qui la désolaient. L'activité du Gouverneur se communiqua à tous et d'abord aux cultivateurs. On planta la canne à sucre et le manioc apporté du Brésil : des manufactures de coton et d'indigo furent établies.

Le coton était reçu dans les magasins de la Compagnie aux prix de quatre sous la livre. Elle avait introduit à Bourbon le mûrier multicaule : il s'y était propagé rapidement, et après 1736, on songea à l'industrie séricicole.

On avait également importé le caféier d'Arabie : mais la mauvaise habitude qu'on garda longtemps, à Bourbon, de mélanger ses grains avec ceux du café indigène, avait procuré un mauvais renom à l'ensemble par son goût sauvage. En 1738 la production ne dépassait pas 700,000 livres.

On construisit à l'Ile de France des fortifications, des batteries (1), des casernes, un hôpital. Port-Louis eut un aqueduc qui lui amena des eaux pures et salubres. Le nouveau port fut pourvu de tout le matériel nécessaire pour les vaisseaux en relâche.

A Bourbon, un système de routes royales relia les divers centres de population. On construisit des casernes et on établit des batteries de côtes. En même temps, on organisait les milices, non seulement pour les besoins éventuels de la défense extérieure, mais aussi, pour la sûreté intérieure compromise par le marronnage.

Dès l'origine de la Compagnie, on avait introduit, dans ces îles, des esclaves nègres et malgaches qu'elle cédait ensuite aux colons à prix avantageux ; mais ces esclaves désertaient et trouvaient aisément à se réfugier dans les montagnes boisées où leur nombre croissant finit par devenir un danger ; car les marrons, comme on les appelait, bien armés, et sous la conduite de chefs qu'ils se donnaient, sortaient par bandes

(1) Ouvrages de défense.

de leurs retraites, et portaient la dévastation et le pillage dans les habitations isolées.

Ce ne fut qu'à la longue, et au moyen de détachements de milice parcourant les montagnes, qu'on put réduire les marrons. A l'Ile de France, on avait formé, dans ce but, une maréchaussée uniquement composée de Malgaches, dont on mit à profit l'antipathie qu'ils avaient pour les nègres.

La Compagnie avait encore élevé, sur divers points du littoral de Bourbon, des magasins spacieux où elle faisait déposer les divers produits du sol, dont elle se payait pour les marchandises d'Europe ou de l'Inde qu'elle fournissait aux colons : mais ce qui devenait une cause de justes récriminations de leur part, c'est que la Compagnie, abusant du droit de fixer elle-même le prix des produits de l'Ile, tirait de ce droit un profit exagéré aux dépens des colons.

Du reste, les causes de mécontentement ne manquèrent pas aux colons. Ils reçurent le contre-coup des dissentiments survenus, dès le début du Gouvernement de M. de La Bourdonnais, entre lui et la Compagnie.

Il y avait désaccord, d'abord, en ce que le Gouverneur voulait une Ile de France en même temps agricole, commerçante et militaire, tandis que la Compagnie la voulait simplement agricole ; encore ne se trouvait-on point d'accord sur les modes d'agriculture. L'un encourageait, sur les lieux, les cultures qui lui semblaient convenir davantage au climat et aux intérêts commerciaux ; l'autre, les bureaux de Paris, envoyaient des ordres contradictoires, contraires à l'expérience, et annulant, d'un trait de plume, des résultats acquis déjà. Sans tenir compte des faits produits, on ordonnait de favoriser la culture des menus grains et des légumes pour les ravitaillements ; on défendait même la culture du café, sous prétexte qu'il stérilisait les terres.

Le Gouverneur, en favorisant la canne, le coton, le café, songeait au commerce, alors que la Compagnie ne visait que de pourvoir de vivres frais les navires en relâche.

De sorte que ceux, à qui les idées de la Compagnie convenaient, se déclaraient mécontents et taxaient de tyranniques les prétentions du Gouverneur. C'est ainsi que fut jugée, par exemple, l'obligation pour tous, de planter un certain nombre de pieds de manioc. Cette exigence provoqua une sorte de mutinerie de la part d'un certain nombre de cultivateurs qui leur faisait arracher ou ébouillanter pendant la nuit leurs plantations.

Le régime commercial mécontentait pour d'autres causes. Le commerce se trouvait réduit aux seuls navires de la Compagnie apportant les objets indispensables à la consommation. De sorte que la Compagnie, restant seule marchande, vendait les objets, aux habitants, à cinquante et cent pour cent au-dessus de leur valeur, alors qu'elle n'acceptait en paiement, qu'à vil prix, les productions du pays.

Il est de fait que la Compagnie, sans souci des intérêts locaux, recherchait ses bénéfices, bien moins dans l'extension de ses opérations et le nombre de ses ventes, que dans les hauts prix des denrées : et les facilités même qu'elle offrait aux habitants, par ses avances en numéraire, esclaves et marchandises, ne pouvaient qu'empirer la situation : car les débiteurs n'ayant que la faculté de payer en papier, vendaient leurs immeubles et quittaient l'Ile, ce qui amena, en 1739, la prohibition de toute vente d'immeubles sans l'autorisation du Gouverneur.

D'autre part, La Bourdonnais, comme d'ailleurs tous les hommes éminents qui possèdent le sentiment de leur valeur, et surtout les militaires, avait le caractère entier, l'esprit despotique, et croyait volontiers que, par l'utilité du but, la coercition suppléait légitimement à la persuasion. Aussi gardait-il peu de mesure dans ses exigences vis-à-vis de ses administrés en leur imposant toutes sortes de corvées.

Blessés de toutes parts, les colons se hasardèrent à présenter leurs doléances à Paris par des délégués qui n'obtinrent, pour seule satisfaction, que d'être appelés *turbulents* par le cardinal Fleury.

Cependant, La Bourdonnais, dans un voyage en France, à l'occasion de la mort de sa première femme, dut se justifier des accusations portées sur sa conduite. Il y parvint aisément, tant auprès des ministres qu'auprès de la Compagnie qui, en dépit du mécontentement qu'elle éprouvait au sujet de certains de ses actes, ne pouvait brutaliser un homme de sa valeur. Il s'en revint donc en 1741 à la tête d'une escadre qui se rendait dans l'Inde.

Quand il rentra à l'Ile de France, il y trouva les affaires peu prospères, et la Compagnie impuissante consentit, cette même année, à la liberté du commerce dans l'Ile Bourbon où ses revenus furent les produits d'une douane établie l'an d'après ; mais cet état ne dura que jusqu'en 1746.

Cet insuccès, en dépit du mérite et de l'activité du Gouverneur, avait certainement, pour principale cause, le peu de suite des idées de la Compagnie ; mais on l'attribuait, en même temps, à l'infidélité et aux malversations des agents. C'est ainsi qu'on voulut trouver l'effet d'un calcul criminel dans le naufrage du navire le *Saint-Géran* qui périt le 18 août 1744, par un fort beau temps.

On croyait savoir qu'il portait à bord deux cent soixante-dix mille livres en numéraire, et l'on soupçonna que le naufrage s'était produit intentionnellement à l'effet de cacher la disparition de la somme.

On se souvient, sans doute, que le *Saint-Géran* était le navire rendu célèbre par l'auteur de *Paul et Virginie*, cette œuvre si populaire. Au surplus, depuis les spéculations et friponneries auxquelles le fameux système avait donné lieu, on inclinait fortement à mal penser des gens qui se mouvaient dans un grand courant d'affaires, et le personnel de la Compagnie était exposé à tous les soupçons vu la connexion de ses origines avec les destinées du système.

La Bourdonnais, en ce qui le concerne, n'échappa point au renom d'un homme avide de richesses ; de là à lui attribuer le penchant d'en acquérir par des moyens plus ou moins légitimes, il ne pouvait exister une grande limite. On a protesté avec énergie contre cette supposition, on a même invoqué, à l'appui, les traces de l'emploi de sa fortune, qui se trouvent aux archives de l'Île de France, emploi dont le but consistait à relever l'industrie, exciter l'émulation, secourir le besoin par des prêts à terme plus ou moins long.

Tout cela pouvait paraître fort bon ; mais ce n'est pas sans quelque chagrin que l'on constate un fait semblable : celui d'un homme se livrant au métier de prêteur, métier suspect par les scabreuses tentations qu'il entraîne, alors qu'il portait un si grand nom dans une situation si élevée.

C'est d'ailleurs une chose singulière à constater que l'espèce de tolérance dont les plus hauts fonctionnaires eux-mêmes semblaient admettre la légitimité : d'utiliser leurs fonctions au profit de leur fortune personnelle. De temps en temps, un excès par trop scandaleux appelait l'attention et la réprobation ; mais il ne s'agissait que d'y apporter une certaine mesure pour que le fait passât inaperçu.

La liquidation judiciaire du système avait révélé bien des choses absolument scandaleuses ; elles avaient fait souche, pour ainsi dire, et le mal se perpétuait plus ou moins habilement dissimulé.

On en vit un éclat dans l'affaire de l'Intendant Bigot, du Canada, et les affaires de l'Inde fournirent l'occasion de plus d'une constatation de ce genre, même chez les plus éminents.

Le Gouverneur Mahé de la Bourdonnais, en 1742, avait fait prendre possession des Iles Seychelles, dont la principale a conservé le nom de Mahé ; puis, sans grand changement dans la situation des îles qu'il gouvernait, il arriva au moment où Pondichéry menacé fit appel à son secours. Il transforma six vaisseaux de la Compagnie en vaisseaux de guerre, en attendant ceux qu'on lui envoyait de France, et, à l'arrivée de ceux-ci, il appareilla pour l'Inde, le 24 mars 1746, laissant le Gouvernement, par intérim, à M. de Saint-Martin.

Tandis que La Bourdonnais s'emparait de

Madras, dans l'Inde, un successeur lui arrivait, à l'Ile de France, dans la personne de M. David, en même temps chargé de la mission de faire une enquête sur la précédente administration. On sait que La Bourdonnais, rappelé en France, fut, dès son arrivée, enfermé à la Bastille. Nous aurons l'occasion de le remettre en scène.

C'est pendant l'époque où M. David exerçait comme Gouverneur de l'Ile de France que l'Amiral Boscawen fit, en 1748, une tentative de débarquement qui échoua. Au même temps se rapporte le premier établissement de forges dans l'île. La cession à la France de l'île Sainte-Marie de Madagascar, par Betty, reine de Foulpointe signala encore cette administration ; la prise de possession eut lieu le 30 juillet 1750 ; malheureusement, le Commandant qu'on nomma dans ce poste, M. Gosse, s'aliéna les chefs voisins par sa conduite despotique et les irrita jusqu'au point de provoquer une catastrophe pareille à celle des Natchez, en Amérique ; à celle de Dramarie, en Afrique ; le 24 décembre 1754, l'établissement de Sainte-Marie, surpris, était livré aux flammes, et les Français qui s'y trouvaient, massacrés. On n'eût plus, par suite, sur la côte de Madagascar, que des postes de traite pour les bœufs, le riz et les esclaves.

Nous avons fait connaître précédemment, qu'en 1746, la Compagnie abandonnant le régime des douanes, à Bourbon, avait rétabli l'état antérieur de monopole ; mais l'île n'y gagna rien et les produits allèrent en déclinant.

En 1750, M. David remit le Gouvernement à M. Lozier-Bouvet qui le conserva cinq ans et prêta son concours aux travaux géodésiques de l'île, effectués en 1753 par l'abbé Lacaille. Cette même année, on commença les travaux du port Bourbon.

M. Magon, qui remplaça M. Bouvet en 1755, eut la mauvaise inspiration d'accorder une permission générale et absolue de couper les bois ; cette mesure imprudente ne put jamais être rapportée et devint par la suite une véritable calamité pour l'île. Il vit passer à Port-Louis, en 1757, l'escadre du Comte d'Aché, qui portait M. Lally aux Indes.

En 1759, M. Magon se trouva remplacé par M. Desforges-Boucher. Ce dernier donna des soins au jardin des plantes de l'île, adjacent à la maison de campagne des Gouverneurs. Les instructions que lui envoya la Compagnie, en

1761, portaient de favoriser les établissements de ravitaillement des vaisseaux et des troupes, plutôt que la culture du coton, du café, etc, et cela dans le but de rendre l'île une sorte d'entrepôt d'approvisionnement pour la guerre. En même temps, on enjoignait de veiller à la conservation des forêts ; mais la destruction continua, malgré les ordres contraires. Tout, dans les deux îles, allait à peu près à l'abandon.

Survint, en 1763, le traité de Paris qui réduisait nos colonies à si peu de chose que la Compagnie des Indes n'avait plus, pour ainsi dire, aucune raison d'exister. Dans cette situation, l'état précaire des deux îles les rendait plutôt une charge qu'une ressource. La Compagnie en opéra la rétrocession au Roi, qui dans la suite envoya, à l'Ile de France, M. Dumas comme Gouverneur, et M. Poivre comme Intendant ; on sait ce que ce dernier tenta pour l'île : il la rendit florissante par son administration probe et éclairée, il l'enrichit en y introduisant la culture des épices fines.

A Bourbon, on avait nommé un Commandant et un Commissaire de la marine à qui il fallut beaucoup de peine et de dévouement pour liquider le passé et préparer un meilleur avenir.

La rétrocession au Roi des deux îles se trouvait jointe à celle du port de Lorient, et la Compagnie fut payée de l'ensemble, et en même temps de ses propriétés particulières, par une constitution de rente d'un million deux cent mille livres. Elle s'était réservé, de plus, le privilège de fournir les marchandises pour l'approvisionnement des deux îles ; mais elle ne remplit pas ses engagements à cet égard ; il fallut permettre le commerce, et, le 13 août 1769, révoquer définitivement le privilège, sauf liquidation du papier-monnaie de la Compagnie qui, en 1767, perdait quatre-vingt-dix pour cent.

Au moment de la rétrocession, quoique l'Ile de France eut environ dix-neuf mille habitants, dont trois mille cent soixante-trois blancs, et environ quinze mille nègres, elle ne produisait guère que pour une valeur de deux millions et demi, et, sur les 149,000 arpents concédés, il n'y en avait que 6,385 en valeur.

IX

Il nous reste à exposer succinctement les événements qui marquèrent le passage, dans les
Indes, de la Compagnie qui en portait le nom.

Elle avait là une scène tout autre que celles
de l'Afrique, de l'Amérique et des îles.

Il semblait que l'Asie, par cela même qu'elle
est un foyer central auquel se rattachent, ainsi
que des rayons, les autres grandes terres plané-
taires, dût condenser en un mode supérieur
les activités créatrices des régions excentriques.
Et, de fait, tandis que ces activités revêtaient, un
peu partout, des formes plus ou moins primitives,
dans l'Inde, l'activité productrice avait déjà
pris sous la main de l'homme des aspects de
toutes sortes, et ses œuvres montraient une ri-

chesse et avaient acquis une valeur en rapport avec l'éclat inconnu ailleurs dés civilisations locales.

Il y avait là un degré supérieur, procuré aux choses de la nature, par le fait de la combinaison plus abondante et plus intime en ces choses, d'une intelligence humaine plus complète et plus évoluée.

Notre opinion, c'est qu'on trouve toujours quelque chose de mathématique au fond de tous les ordres de faits qui s'enchaînent sur la planète, sans excepter ceux qu'on est habitué à considérer comme échappant absolument à la législation des faits naturels.

Quoi qu'il en soit, l'Asie, centre continental, centre humain, semblait, par cela même, centre industriel, antérieurement à toute autre terre ; elle devait donc, dans les diverses exploitations commerciales que réunissait la Compagnie des Indes, figurer comme donnant lieu à la plus importante, autant par la multiplicité des produits que par le mérite du travail, et par la valeur qu'il crée.

Les Indes étaient le pivot de l'œuvre de la Compagnie, le foyer de sa plus énergique vitalité, et elles se trouvaient, par là, plus spécialement l'objectif des ambitions humaines qui donnent de l'importance aux événements, et de l'éclat aux personnalités.

C'est en effet une période des plus mouvementées et des plus brillantes, des plus fécondes en notoriétés dramatiques, en vicissitudes heurtées, en originalités éminentes que celle où l'Inde fut livrée aux compétitions toujours plus ou moins flagrantes de la Compagnie Française et de la Compagnie Anglaise.

Tant que notre Compagnie des Indes se trouva aux prises avec les difficultés de la liquidation de la banque, son essor commercial se trouva gêné ; mais une fois affranchie de ce souci, vers 1726, ses affaires commerciales prirent une meilleure allure et, pendant ce temps, l'homme qui devait donner le plus d'éclat à sa carrière, préparait dans l'Inde son éducation, s'exerçait à l'apprentissage du rôle que l'avenir lui réservait.

Cet homme, on le comprend, c'était Joseph Dupleix, le petit-fils d'un notaire de Mâcon, et fils d'un fermier de la province (1). Il avait un frère aîné dans la Finance ; quant à lui, des

(1) Dupleix, né à Landrecies (Nord), 1697-1763.

fredaines de jeunesse le poussèrent vers la fortune. Obligé de s'embarquer dès sa jeunesse, il visita l'Amérique, puis il alla s'échouer dans l'Inde. Il y acquit promptement la connaissance du pays et l'aptitude aux affaires.

Son frère, Dupleix de Bacquencourt, étant devenu Directeur dans la Compagnie des Indes, eut le crédit de le faire entrer dans le service colonial et, malgré son jeune âge, vingt-trois ans, le fit nommer, en 1720, membre du Conseil supérieur de Pondichéry. C'est de ce point que nous allons le voir s'élever rapidement à des hauteurs inespérées.

En 1727, la Compagnie obtint la cession de Mahé, sur la côte du Malabar, et trois ans après, en 1730, Dupleix était nommé Gouverneur de Chandernagor, où se trouvait un comptoir français, à l'entrée du Bengale.

L'établissement qui s'y trouvait représentait peu de chose ; le port en était peu fréquenté ; il dut à l'initiative de Dupleix un rapide accroissement. Deux ans après, la ville comptait plus de deux mille maisons, et des navires s'y présentaient de tous les ports de l'Inde, ce qui nous annonçait une rivale pour Calcutta sa voisine.

Le nouveau Gouverneur avait lui-même

donné l'exemple au commerce français, en se créant négociant dès sa prise de possession et se livrant à un trafic d'Inde en Inde. Il y employait l'héritage paternel et les fonds de ses amis.

Il nous semble aujourd'hui assez singulier que la fonction supérieure qu'il exerçait fut compatible avec la pratique commerciale, d'autant que le prestige de sa situation et l'influence qu'elle comportait devaient favoriser ses propres opérations aux dépens de celles de ses concurrents ; mais la Compagnie, à ce qu'il paraît, le savait et le laissa faire, même sans vouloir participer à ses bénéfices, ce qu'elle eût pu légitimement demander.

Au surplus, Dupleix, en cela, suivait les errements de presque tous les fonctionnaires de la Compagnie, dont un très petit nombre négligeait les occasions de s'enrichir, même à ses dépens.

La Compagnie ne l'ignorait pas, elle fermait les yeux, par nécessité ou par politique, dans son impuissance à remédier à un mal trop incorrigible pour être efficacement combattu.

Dupleix annonçait d'ailleurs des capacités à utiliser sans les contraindre, parce qu'elles deviendraient, plus tard, une compensation qu'on pouvait évaluer déjà comme temps et comme importance. De fait, s'il commença largement sa fortune à Chandernagor, en pratiquant un négoce intelligent, ce fut en aidant vigoureusement à celle du pays dont il avait la haute administration.

M. Dumas se trouvait alors Gouverneur général à Pondichéry. Ce fut par ses soins que Karikal vint se joindre au domaine de la Compagnie. En 1738, le neveu et successeur du Roi de Tanjaour, Cidogy, fut détrôné par un fils naturel du défunt Roi. Réfugié à Chalembrom, il offrit au Gouverneur de Pondichéry de l'aider à reprendre son trône, moyennant la cession à la France, de Karikal et de dix aldées ou villages. Le traité fut conclu en juillet ; mais rentré en possession de sa couronne, Cidogy refusa de tenir sa parole, à l'instigation des Hollandais. Alors, en 1739, les Français prirent par escalade le fort de Karikal. Le Roi dut s'exécuter, et, par un acte du 15 avril, confirma le traité de 1738, moyennant une rente annuelle de trois mille pagodes. Karikal était, après Pondichéry, la place la plus forte que possédât la Compagnie sur la côte de Coromandel.

Entr'autres concessions avantageuses qu'obtint M. Dumas, il faut citer le privilège de faire frapper, à Pondichéry, des roupies et des pagodes, monnaies du pays au coin du Grand Mogol. Cette faveur fut accordée en 1736 par Mahmout-Scha, alors Empereur.

Elle valait à la Compagnie un bénéfice annuel de quatre cent à cinq cent mille livres. C'est encore pendant le gouvernement de M. Dumas qu'eut lieu l'épisode de Mahé, qui fit tant d'honneur à La Bourdonnais.

Nous avons dit que cet officier général était revenu de France, en 1741, à la tète d'une escadre dirigée sur l'Inde. Il y trouva notre comptoir de Mahé bloqué par les indigènes et par une escadre anglaise. Dès son arrivée, et du même coup, avant de rentrer à l'Ile de France, La Bourdonnais dispersa l'escadre anglaise et foudroya les indigènes.

L'année suivante, Dupleix touchait au but qu'il visait : il était nommé Gouverneur général de Pondichéry et de toutes nos possessions de l'Inde. S'il avait de l'ambition, il possédait aussi les qualités qui la justifient.

En réunissant entre ses mains tous les pouvoirs que le Roi et la Compagnie attribuaient à ses fonctions, la ligne de conduite qu'il se traça, fut celle, il faut le reconnaître, qui tirait parti de la situation politique de l'Inde au mieux des intérêts de la Compagnie et du prestige français.

Il existait encore dans l'Inde, à cette époque, une souveraineté généralement reconnue, celle du Grand Mogol de Delhi ; mais elle n'était guère que nominale, et on l'acceptait d'autant plus volontiers qu'elle ne gênait personne, au contraire. Elle devenait utile à tous les ambitieux qui, moyennant quelques roupies, y trouvaient des investitures impériales, très favorables à leurs projets, par le prestige qu'elles conservaient encore sur l'esprit des peuples.

De sorte que, la facilité d'acquérir des droits à la souveraineté, engendrait des compétiteurs du pouvoir dans tous les royaumes, Nababies et Sous-Nababies de l'Inde, et les maintenait tous dans un état perpétuel de luttes et d'agitations intestines.

Il suffisait de se poser en arbitre en prêtant son aide au plus offrant et, à la condition de remporter quelques succès de grande notoriété, on arrivait facilement à l'acquisition, comme paiement, de territoires à riches revenus ; puis, insensiblement, on pouvait espérer supplanter de fait la souveraineté morale du Grand Mogol sur tout le pays.

Au résumé, les Anglais suivaient déjà cette voie et M. Dumas n'avait pas autrement agi pour l'acquisition de Karikal ; ce fut sans doute sur ces données que Dupleix arrêta son plan ; mais il le dirigea avec l'intention d'en faire la base de sa conduite et de ses calculs.

Il entrevoyait, comme conclusion, l'intérêt de la France et de la Compagnie, en même temps qu'honneur et profit pour lui, sans compter les satisfactions d'autorité, d'amour-propre ou autres qu'ambitionnait un esprit comme le sien.

Il appartenait à sa nature de concevoir de grands projets et de les exécuter par de grands moyens.

Était-ce bien le rôle, pour l'agent d'une Compagnie de marchands, chargé d'intérêts considérables, avec mission de les faire fructifier au moins de risques possibles.

Il fit si grand que tout croula.

Cependant, lors de son arrivée à Pondichéry en qualité de Gouverneur général, il commença par un acte de modération en offrant, à la Compagnie anglaise, la neutralité pendant la guerre.

Il restait en cela dans le rôle d'un chef de marchands chargé de restreindre les occasions de trouble et de ruine pour le commerce ; mais il convient d'ajouter, d'autre part, qu'en prenant l'autorité, la paix convenait mieux, pour en préparer l'exercice, selon ses vues, quelles qu'elles fussent.

Hâtons-nous de faire connaître d'abord, qu'en vue de ses projets grandioses, et bien pénétré de l'idée que l'harmonie de tous les détails d'un ensemble ne fait qu'ajouter à sa puissance ainsi qu'à son prestige, il jugea que la résidence du Gouverneur général et du Conseil souverain devant en quelque sorte servir de cadre approprié à l'esprit qui les anime, il jugea disons-nous que cette résidence devait, par son aspect, répondre à la grandeur des destinées de la Colonie.

Pondichéry, sous son impulsion, ne tarda pas à se transformer. Sanctuaire du pouvoir, le Palais du Gouverneur, le sien, fut construit dans la citadelle, au milieu de la ville, en face de la mer. Par sa situation, par sa magnificence, il surpassait les plus beaux édifices modernes.

Les rues de la ville se firent larges, belles et droites, avec des maisons européennes, à un ou deux étages, en pierre de taille, surmontées de terrasses à l'italienne. A l'Occident se trouvait le quartier indien construit en briques, sous une belle allée d'arbres. Deux superbes églises y figuraient, au premier plan, desservies, l'une par les Capucins, l'autre par les Jésuites, puis un hôpital, un bazar, des casernes, le tout d'aspect grandiose. Une batterie de cent pièces de canons regardait la mer. Bref, la cité dut à Dupleix son plus haut degré de splendeur et semblait en harmonie avec le moral de l'homme et la nature des projets que son ambition caressait.

Quoi qu'il en fût des propositions de neutralité à la Compagnie anglaise, la guerre se propagea dans l'Inde et La Bourdonnais dut venir de l'Ile de France, avec son escadre renforcée des vaisseaux envoyés de France, en tout neuf vaisseaux, dont la plupart constituait la propriété de la Compagnie.

On projetait d'attaquer Madras, et il importait de prévenir l'arrivée de la flotte que les Anglais attendaient d'Europe pour protéger cette ville. La Bourdonnais la rencontra sur son passage. Placée sous les ordres de l'amiral Barnett, elle fut battue et dispersée. Ce succès permit à La

Bourdonnais d'aller investir Madras avec des troupes de débarquement. Les Anglais ne purent en rien gêner ses opérations et la place capitula au bout de huit jours, en septembre 1746.

La Bourdonnais l'avait rançonnée pour un million cent mille pagodes d'or et cinq cent mille en munitions ou marchandises, le tout formant treize à quatorze millions de notre monnaie.

C'est à ce moment qu'éclata la mésintelligence entre Dupleix et le vainqueur de Madras. Celui-ci prétendit pouvoir disposer de sa conquête, en vertu de ses instructions officielles. Dupleix la revendiqua, en sa qualité de Gouverneur général des possessions françaises de l'Inde, et de ses pleins pouvoirs à leur égard. Il déclara les conditions de son rival trop avantageuses pour l'ennemi, en refusant de les ratifier et fit cela avec toute la hauteur qui constituait son caractère (1).

(1) Aux Indes, nous avions deux hommes de génie, La Bourdonnais et Dupleix. Mais leur rivalité devait être funeste. Le premier s'était emparé de Madras (1746), mais il la rendit aux Anglais pour une riche rançon. Dupleix rompit ce traité et fit rappeler La Bourdonnais en France.

Cette hauteur se compliquait-elle d'une certaine jalousie personnelle vis-à-vis de La Bourdonnais, qu'un grand renom déjà, joint à son heureux coup de main sur Mahé en 1741, à son succès à Madras, posaient comme un concurrent futur pour le rôle que rêvait Dupleix dans les destinées de l'Inde ? Peut-être !

De là le ton impérieux de Dupleix, traitant La Bourdonnais en subordonné, et lui intimant l'ordre d'aller s'emparer sans retard de Calcutta avec mille quatre cents hommes de troupes de débarquement.

Ce ton, d'ailleurs, semblait étudié pour mieux révolter La Bourdonnais dont la nature hautaine, altière, semblait calquée sur celle de son antagoniste. Il pouvait, au terme de ses instructions, ne pas se croire obligé d'obéir aux ordres de personne, même à ceux de l'homme dont il repoussait la dépendance.

Il fallait bien qu'il existât quelque cause secrète d'irritation entre eux, serviteurs d'une même cause et d'un même intérêt, pour qu'ils en arrivassent à ce point d'aigreur, que tous

Il fit oublier cette mauvaise action par sa belle défense de Pondichéry, attaqué par les Anglais (Désiré Blanchet).

deux oubliassent leur devoir professionnel et patriotique, en ne se prêtant, ni l'un ni l'autre, à une conciliation que les convenances conseillaient et que la situation commandait. On les vit là, face à face, obstinés dans leurs prétentions et ne prenant conseil que de leurs sentiments personnels.

La Bourdonnais refusa nettement d'aller à Calcutta, et Dupleix s'emporta jusqu'à vouloir le faire appréhender au milieu de son escadre.

Une furieuse tempête trancha la situation en bouleversant les vaisseaux dans la rade même de Madras. La Bourdonnais en rallia ce qu'il put et reprit incontinent le chemin de l'Ile de France, où il se trouva remplacé par M. David, ainsi que nous l'avons déjà dit, et d'où il partit pour revenir en France.

Ceci indiquait clairement que, depuis son précédent voyage à Paris, en 1740, la Compagnie avait reçu de nouvelles plaintes contre lui, et peut-être que Dupleix, au courant de ces griefs, n'y trouva qu'un nouveau motif de se conduire comme il l'avait fait.

On sait ce qu'il advint de La Bourdonnais qui fut enfermé à la Bastille, dès son arrivée en France. Il y rédigea des mémoires justificatifs dont le retentissement ne servit pas seulement à sa justification, mais encore ne fut pas sans influence, par les révélations qui s'y trouvaient, sur les événements ultérieurs de l'Inde, et notamment sur le sort de Dupleix lui-même.

Celui-ci fut-il d'ailleurs bien inspiré quand, mettant sa haute situation au service de sa rancune, il ne cessa, pendant plus de trois ans que dura la captivité de son rival, de recruter contre lui, dans l'Inde et d'expédier en France, des témoins destinés à le charger?

Finalement, La Bourdonnais sortit absous de sa prison, ce qui ne le rend pas indemne de toutes les critiques qui s'élevèrent contre lui.

Cependant, avec l'éloignement du temps, les passions se calmant, on en arriva à replacer les choses au point et, dans le cas de la Bourdonnais, les torts n'étaient certainement pas de nature à prévaloir sur les services rendus. Peut-être aussi craignit-on que la défense de l'accusé ne mît en lumière d'autres coupables.

Quoiqu'il en soit, les souffrances éprouvées ne lui laissèrent pas de longs jours après le jugement qui le réhabilitait et lui rendait la liberté.

Revenons maintenant aux Indes, et nous n'étonnerons pas nos lecteurs en leur apprenant que, le jour même où La Bourdonnais quittait la rade de Madras, Dupleix prenait possession de la ville.

Cette ville formait la capitale des Établissements anglais de l'Inde ; elle renfermait de grandes richesses, tombées entre les mains des Français lors de la capitulation de la place. Ce fut même la cause, paraît-il, de la dispute, l'un des points les plus discutés entre les deux ennemis, qui prétendaient s'imputer réciproquement le pillage commis à Madras.

Cette accusation n'était pas sans s'appliquer, de part et d'autre, à des personnalités dont le goût excessif pour les richesses semblait de notoriété, et, à tort ou à raison, l'issue du procès qui n'éclaircissait guère le fait, mais qui plaçait La Bourdonnais hors de cause, ne fut pas sans laisser quelques germes, dans l'esprit de Messieurs de Paris, à l'endroit de certains entraînements de Dupleix.

Cela n'allait pas, sans doute, jusqu'à exclure les qualités de l'homme, quant aux intérêts de la Compagnie ; mais enfin les allures générales de sa gestion semblaient plutôt propres à confirmer qu'à infirmer des préventions. N'est-il pas permis d'y voir comme un germe des déterminatifs qui, compliqués d'autres causes, amenèrent ce coup de foudre que fut la chute de Dupleix, au moment même où il avait porté la colonie à son plus haut point d'éclat.

Il fallut, certainement, de graves motifs à la Compagnie pour abandonner ce haut personnage auquel elle devait une grande partie de sa fortune.

Mais, sans anticiper, examinons sa gestion.

X

Un incident, consécutif à la capitulation de
Madras, avait révélé à Dupleix tout ce qu'il
comptait de ressources, pour l'exécution de son
plan de domination, dans les six ou sept mille
hommes de troupes européennes dont il dis-
posait.

Cet incident fut l'attaque du Nabab d'Arkol,
duquel dépendait Madras, et qui se présentait, avec une armée de cent cinquante mille
hommes, pour enlever la ville aux Français. Il
avait été repoussé ; mais Dupleix, ayant pris
l'offensive à son tour, il avait mis cette énorme
quantité d'indigènes dans la plus complète dé-
route, avec deux bataillons seulement.

Ce fait d'armes, dont le retentissement fut

considérable, produisit une impression extraordinaire sur les peuples de l'Inde ; il affirmait assez le parti qu'on pouvait tirer de quelques milliers de soldats d'Europe, pourvu qu'ils fussent conduits par un bon chef. Précisément Dupleix possédait ce chef sous la main dans la personne de Bussy-Castelnau.

Ce Bussy constituait un vrai soldat, intrépide, infatigable, entraînant pour ceux qu'il commandait. Il devint tout de suite le bras droit de Dupleix, dont il partageait les vues et remplissait les intentions avec un aveugle dévouement. Aussi Dupleix, reconnaissant en lui un instrument précieux, ne tarissait pas en éloges : « Quel héros que ce Bussy ! » écrivait-il. Et encore : « Que Sa Majesté le Roi de France doit s'estimer heureuse d'avoir un si grand homme ! »

Les princes de l'Inde ne tardèrent pas à connaître que tous ceux que Bussy conduisait à la guerre restaient assurés de la victoire. Chacun ambitionnait son concours, et le prix des services qu'on en tirait, se soldait, comme total, en l'accroissement du domaine français dans l'Inde.

Cependant, les Anglais, dépités de leur échec

de Madras, travaillaient sourdement à prendre une revanche à Pondichéry.

Le 29 avril 1748, l'amiral Boscawen, à la tête d'une escadre de treize vaisseaux de guerre et de dix-neuf bâtiments de transport, vint bloquer Pondichéry. Son armée, en hommes, se composait de 4,700 européens et de 4,000 indigènes.

Un poste avancé, le fort d'Ariancoupang protégeait la ville sous le commandement de Bussy. Les troupes assaillantes ne purent s'en rendre maîtresses qu'au bout de huit jours, par suite de l'explosion d'une poudrière.

Mais Pondichéry tint bon, avec des forces de beaucoup inférieures à celles de l'ennemi, le lassant et le décimant par des sorties meurtrières ; enfin, le 17 octobre, après trente-huit jours de tranchée ouverte, il le contraignait à abandonner l'entreprise.

Dans cette défense héroïque qui porta l'honneur français au sommet le plus élevé, chez les nations de l'Inde, Dupleix se couvrit de gloire, non seulement en donnant l'exemple d'une intrépide bravoure, mais en déployant une science et des aptitudes diverses dont le concours ne signale que les natures d'élite. Il fut, à la fois, commandant, ingénieur, artilleur, munitionnaire.

Cela lui valut un honneur insigne, jusque-là réservé exclusivement aux militaires, et dont la nature dut singulièrement le flatter, il fut décoré du grand cordon de Saint-Louis. Le titre de Marquis accompagnait et complétait cette distinction qui rentrait dans ses goûts aristocratiques ; mais ce n'était pas là un traitement capable de tempérer ses aspirations ambitieuses.

Aussi, la paix signée, au mois d'octobre, à Aix-la-Chapelle (1), bien qu'elle portât dans ses clauses l'obligation de se rendre mutuellement toutes les conquêtes, ne le trouva-t-elle pas découragé d'en opérer de nouvelles, mais au contraire l'encouragea à persévérer dans une voie qui lui rapportait ce qu'il aimait : la fortune et les honneurs.

(1) Louis XV voulut traiter non en marchand, mais en roi. Par le traité définitif d'Aix-la-Chapelle (18 oct. 1748), il restitua toutes ses conquêtes, obtint pour l'infant Don Philippe, son gendre, les duchés de Parme, de Plaisance et de Guastalla... Ainsi la France avait sacrifié cinq cent mille hommes, perdu 33 vaisseaux de ligne et 74 frégates, ajouté 1200 millions à sa dette pour établir l'infant Don Philippe en Italie. Les véritables vainqueurs étaient l'Angleterre et la Prusse. (Toussenel)

Antérieurement à la guerre, alors que M. Dumas était encore Gouverneur général, les affaires commerciales de la Compagnie se trouvaient dans un état très florissant. Comme les Armes et la Diplomatie, le Commerce français avait obtenu de notables avantages et si, pour ce qui concerne les affaires proprement dites, l'état de guerre devint forcément un temps d'arrêt, elles ne reprirent qu'avec plus d'activité à la signature de la paix, favorisées d'ailleurs par le prestige que des victoires avaient valu à la domination française.

De 1748 à 1753, cette domination s'étendit rapidement des rives de la Krisna jusqu'au cap Comorin, sur deux cents lieues du littoral de Coromandel et sur une profondeur de soixante lieues.

En 1750, le Roi de Golconde et du Dekkan fut vaincu et les Français s'emparèrent d'Yanaon et de Mazulipatam, dont la possession fut définitivement acquise, par traité, en 1752, compris le Condovir et l'île de Divy. En septembre 1753, on signa l'acte de cession des quatre provinces de Montfanagar, Ellour, Rajamandri et Chicakol, avec cette réserve que les revenus de ces provinces seraient employés à l'entretien des troupes que la Compagnie devait tenir à la disposition du Roi du pays.

L'île de Seringam, formée par deux bras du Cavery, et que sa situation, comme sa fertilité, rendaient très précieuse, nous fut encore acquise. Les revenus de tous ces territoires, en y ajoutant ceux de Pondichéry et de Karikal, ne s'élevaient pas à moins de dix-huit millions.

Tous ces succès constituaient, en grande partie, l'œuvre de Bussy qui, lancé à travers l'Inde, se remboursait, tantôt en territoires, tantôt en privilèges politiques ou commerciaux, des secours que réclamaient de lui les princes indiens contre leurs compétiteurs.

Il est douteux que Dupleix, pour l'intérêt à tirer de ces querelles intestines, entre nababs et sous-nababs, ait été stimulé à user de son influence dans le sens de la paix ou dans le sens de la guerre. De fait, l'Inde indigène se trouvait dans un état de conflagration permanente, et l'intervention des Anglais n'était pas créée pour la calmer ; car, jaloux des avantages matériels que la politique de Dupleix lui procurait vis-à-vis des indigènes, comme aussi de l'influence qu'en retirait la nation française, ils se mêlèrent systématiquement, eux aussi, aux querelles des nababs, et donnèrent à un chef audacieux, Saunders, un rôle analogue à celui de Bussy.

C'était un déchaînement de passions qu'il eût peut-être été d'une meilleure politique d'apaiser que d'entretenir ; mais cela ne se trouvait guère dans le tempérament de Dupleix, bien que ce ne fût pas davantage dans les intérêts de la Compagnie, car les grands produits des provinces acquises ou conquises devaient, avant tout, pourvoir aux dépenses militaires, sans compter les détournements de toutes sortes dus à la fièvre de cupidité dont se trouvait atteint, dans sa masse, le personnel colonial de la Compagnie.

Une semblable situation ne pouvait pas s'éterniser. Dupleix comprenait lui-même qu'il serait abandonné, tôt ou tard, par les ministres, dont une pareille politique contrariait les vues pacifiques, en provoquant incessamment des éventualités de conflit, et aussi par la Compagnie, dont les affaires ne s'accommodaient pas d'une agitation indéfinie, nuisible aux transactions.

Aussi, en prévision d'une crise, Dupleix eut-il l'audacieuse velléité de se créer une sorte de

position souveraine indépendante. Lui qui se
complaisait à faire ou à défaire tant de nababs,
se jugea capable et digne de l'être.

Il se fit donner, en conséquence, par le Grand
Mogol, l'investiture de nabab du Carnate, cette
même province où se trouvait Pondichéry. Les
Princes de l'Hindoustan s'empressèrent de le
reconnaître comme leur égal en recherchant
sa protection.

C'est alors qu'il déploya le faste asiatique
qu'on lui a reproché ; mais dont le goût semblait inné en lui. Il s'entoura d'un luxe et d'une
pompe qui pouvaient frapper l'imagination des
peuples de l'Inde, mais qui ne devait pas produire le même effet aux yeux de ses commet-
tants, tout naturellement portés à penser que
la Compagnie en endossait la dépense.

Dupleix avait épousé, quelques années auparavant, la veuve d'un négociant français, une
Portugaise, dont le caractère, en harmonie
avec le sien, au point de vue de l'ostentation,
bien loin de modérer les excès de son mari, les
exagérait encore.

Elle se plaisait dans ce fastueux appareil dont
son mari enguirlandait sa double fonction de
Gouverneur et de Nabab ; elle posait en souve-

raine et prenait plaisir à s'entendre appeler *Jân Begum*, la princesse Jeanne. Cette conduite semblait imprudente et de nature à compromettre les services rendus, en permettant d'en attribuer les mobiles à des intérêts purement personnels ; d'autant mieux que les grands revenus apportés par la situation politique de l'Inde, servaient bien plus à en entretenir l'éclat qu'à faire prospérer les intérêts commerciaux visés uniquement par la Compagnie.

On agitait, en le faisant miroiter, un chiffre de trente-neuf millions, comme représentant les recettes procurées par Dupleix à la Compagnie, mais il n'est pas présumable que si cette évaluation eût été réelle, elle se fût brusquement débarrassée, comme elle fit, d'un semblable administrateur.

Le procédé discourtois dont on usa vis-à-vis de lui, témoigne d'ailleurs des sentiments qu'on professait à son égard, à Paris. Sans avoir été prévenu, il ne connut sa disgrâce que par l'arrivée de son successeur, et il semblait que par le choix même de celui qui venait le remplacer, on eût personnalisé la critique fondamentale des actes qu'on lui reprochait.

Ce remplaçant était un sieur Godeheu, sans aucune notoriété, « homme aussi modeste et aussi simple que son prédécesseur était fier et superbe », dit de lui l'auteur de la *Vie privée de Louis XV*, et qui se conduisit dans l'Inde en *Franc marchand*, selon l'expression de Voltaire, malgré les titres pompeux dont on l'avait affublé. Il est vrai que, depuis lors, d'autres écrivains, préoccupés de la réhabilitation de Dupleix, ont qualifié fort durement son successeur.

Il est présumable, cependant, qu'il ne vint pas là de son chef, mais pour y remplir une mission déterminée, avec des instructions précises, fournies par ceux-là mêmes qui régissaient Dupleix. Nous ignorons s'il existait quelque cause d'animosité entre celui-ci et M. Godeheu ; en tous cas, il n'arriva que pourvu d'un mandat, et pour rétablir les affaires de l'Inde dans l'état où le Roi et la Compagnie désiraient qu'elles rentrassent.

Il paraîtrait que l'état d'ébullition, où la politique de Dupleix entretenait l'Inde, avait motivé des représentations de la Cour de Londres à celle de Versailles, et que, celle-ci, ne jugeant pas à propos de risquer une nouvelle rupture

afin de soutenir les vues de Dupleix, avait préféré que la situation des deux compagnies
Anglaise et Française, dans l'Inde, fût établie
en un équilibre parfait, qui sauvegardât la dignité et l'amour-propre réciproques, en fondant
un régime pacifique, durable et favorable au
développement du commerce de l'une et de
l'autre nation. Là se trouvait le but auquel
M. Godeheu devait atteindre, et qu'il attei-
gnit, au témoignage de Voltaire.

Mais il convient de reconnaître que cette situation factice ne pouvait s'étendre en durée
qu'en proclamant la neutralité de l'Inde, en cas
de nouvelle guerre ; cela n'étant pas stipulé, la
condescendance du Cabinet de Versailles pouvait bien être taxée de faiblesse, les procédés,
souvent déloyaux de la politique anglaise étant
bien connus. On ne tarda pas à en renouveler
l'expérience.

Quoi qu'il en soit, le coup qui frappait Dupleix
arrivant à l'improviste, sa chute se produisant
de si haut, le laissa terrifié ; il se soumit sans
récriminations, se bornant à demander avec
instance qu'au moins Bussy le remplaçât.
Cette conduite semblait digne et dans la logique des vœux que devait inspirer, à l'admi-

nistrateur déchu, l'idée vraie et juste qu'il se formait des intérêts de la Colonie,

Dans les loisirs de la traversée, en revenant en France, il dut songer à La Bourdonnais dont, par un triste retonr des choses, il répétait l'infortune à laquelle il avait contribué de tout son pouvoir.

A son retour à Paris, le Nabab du Carnate se vit réduit à rendre compte de sa gestion à la Compagnie ; car à présent il ne s'agissait que d'intérêts commerciaux. Il dut expliquer et justifier sa conduite, auprès de juges mal disposés à son égard. La Direction de la Compagnie crut devoir lui contester les restes de sa colossale fortune. Il ne survécut pas longtemps à ses chagrins et à ses humiliations, et sa veuve eut peine, dit-on, à obtenir une modeste pension de la Compagnie qui devait au génial Commandant une grande reconnaissance, mais qui lui gardait rancune d'avoir lui-même détérioré son œuvre.

Dupleix représentait, sans contredit, un homme supérieur et, à ce titre, il a bénéficié des effets du temps, qui efface peu à peu les torts du moment, et ne laisse subsister que le souvenir des qualités éminentes et l'éclat des grandes actions. De là résulte la haute appréciation actuelle des mérites de Dupleix, et l'étonnement de ne la pas trouver, à ce niveau, chez ses contemporains que l'on taxe volontiers d'ingratitude.

Mais il faut se rendre compte que, pour les contemporains, les mécomptes d'intérêt, qu'à tort ou à raison, ils croyaient pouvoir reprocher aux grandioses façons du Gouverneur des Indes, les prédisposaient peu à admirer son renom et ses allures. Et finalement, les actionnaires de la Compagnie qui, à défaut de dividendes, ne recevaient que le récit des hauts faits du Nabab-Gouverneur, et les détails du luxe de la Begum Jeanne, ne durent que médiocrement regretter les décisions de la Compagnie le rappelant pour la reddition de ses comptes.

De notre temps, on s'intéresse peu aux déceptions des actionnaires d'alors, tout comme on ne s'arrête guère aux millions que Dupleix leur avait d'abord gagnés. Non, c'est pour avoir fait grand dans l'Inde qu'on le renomme aujourd'hui, pour avoir tenu en échec la puissance anglaise, avoir poussé à ses plus grandes limites la domination française et élevé au plus haut degré le prestige de la France.

Voilà ce que nous apercevons, et nous n'apercevons que cela, (1) tandis que les contemporains regardaient autre chose, et gardaient ran-

(1) Dupleix, gouverneur des établissements français dans l'Inde, montra dans ce poste un génie supérieur. Son ambition était de créer un puissant empire colonial. Profitant avec habilité des divisions qui avaient éclaté parmi les princes indiens, il s'empara d'un vaste territoire aussi grand que la France.

Un auxilaire brillant d'esprit et de courage lui préta le plus utile concours : ce fut sa femme, Jeanne de Castro. Familière avec toutes les langues de l'Inde, elle entretint, pour le compte de son mari, une vaste correspondance avec tous les personnages indigènes qui pouvaient servir les projets de Dupleix, et se rendit célèbre dans l'Inde entière sous le nom de la princesse Jeanne.

Dupleix soutint contre les Anglais une lutte énergique. Ceux ci avaient mis le siège devant Pondichéry, la capitale des établissements français. Dupleix dirigea en personne la défense et y reçut une blessure. Sa femme le seconda d'une manière admirable ; elle bravait tous les dangers à ses côtés, soutenant par son exemple les officiers et les soldats.

Après la paix d'Aix-la-Chapelle, les Anglais effrayés des progrès que faisait la conquête française, exigèrent le rappel de Dupleix. Le gouvernement français eut la faiblesse d'y consentir.

Dupleix mourut à Paris dans une extrême misère. Les Français ne doivent pas oublier le souvenir de cet homme de génie qui, s'il avait été soutenu par sa patrie, lui aurait donné le magnifique empire de l'Hindoustan. (Histoire de France.)

cune à Dupleix d'avoir, par vanité, compromis une situation dont il avait montré lui-même la valeur et l'excellence.

Il eût fallu, pour l'absoudre, ne pas perdre de vue le fond des choses et ne point arriver à faire de la Compagnie des Indes une armée des Indes.

Tels étaient précisément les considérants des instructions que M. Godeheu avait emportées. Le Roi ne voulait pas que la Compagnie fût autre chose que ce qu'elle avait été jusque-là, un assemblage de marchands, et qu'elle n'eût d'autres possessions que des comptoirs. En conséquence, il refusait le Carnate, dont Dupleix avait été fait Nabab.

Peut-être, par ce refus inopportun témoignait-il de son désir de plaire aux Anglais. Maladresse insigne en ce cas, l'Angleterre ayant prouvé, en maintes circonstances, qu'elle ne s'incline que devant la décision et devant la force. L'affabilité, la générosité restent à ses yeux signes de crainte et de faiblesse. Les procédés courtois ne stimulent guère les Anglais qu'à se montrer discourtois ; ils ne tardèrent pas à le prouver par la façon odieuse dont ils préludèrent à la guerre dite de sept ans qui devait être un désastre pour nos colonies et pour la Compagnie.

Mécontent des travaux de défense que la France exécutait sur les frontières du Canada, le Ministère britannique eut l'infamie de décider, sans déclaration de guerre, une agression générale contre tous les navires français, qu'à partir d'une époque déterminée, on rencontrerait en mer, et qui, sur la foi de l'état de paix, se trouveraient sans défiance. La scélératesse du procédé serait compensée par le profit considérable que le butin devait inévitablement procurer.

Cela s'accomplit, selon leur désir, en novembre 1755. Les Anglais s'emparèrent ainsi de trois vaisseaux de guerre et de 300 navires de commerce. La valeur de ceux-ci, avec leur cargaison, fut estimée à trente millions de livres. En même temps six mille officiers et matelots, ainsi que mille cinq cents soldats, furent emmenés comme prisonniers. Parmi les navires capturés, il ne s'en trouva que deux appartenant à la Compagnie, l'un partant pour le Sénégal, l'autre en revenant.

L'Angleterre ayant refusé la restitution des navires et la réparation du procédé, la rupture entre les deux pays devenait un fait accompli.

XI

M. le garde des sceaux fit assembler les Syndics et les Directeurs de la Compagnie pour discuter l'opportunité de suspendre le commerce ou de le continuer.

Déjà M. de Sichelles qui comprenait, en sa qualité de contrôleur général, la Compagnie dans son département, avait déterminé, au nom du Roi, l'administration à continuer son commerce en l'assurant de toute la protection du Gouvernement.

Quand le Garde des sceaux laissa voir que son désir était conforme à celui du Roi, l'assemblée des Syndics et des Directeurs ne put que s'y conformer, encouragée par la promesse de M. de Machault d'employer la Marine du Roi à défendre la leur.

Deux officiers généraux se trouvèrent désignés, l'un pour commander l'escadre qui se rendrait aux Indes, l'autre pour diriger les troupes qu'elle y porterait, et prendre, en arrivant, les fonctions de Gouverneur Général des établissements de l'Inde.

Ces deux officiers désignés étaient M. d'Aché, pour l'escadre, et M. le comte Lally, (1) pour les troupes et le Gouvernement de Pondichéry. C'étaient deux mauvais choix auxquels les intrigues eurent la plus grande part.

M. d'Aché ne manquait pas de bravoure, mais ses qualités disparaissaient devant sa morgue et sa vanité ; dans le cas présent, il se montrait froissé de ne commander qu'à des marchands, sans avoir le bon sens de le dissimuler.

Dans le principe, on avait décidé d'adjoindre aux vaisseaux de la Compagnie fournis par le port de Lorient, deux vaisseaux du Roi, en outre de celui que montait M. d'Aché ; cela re-

(1) Comte de Lally, baron de Tollendal, né à Romans (Drôme), 1702-1766.

levait un peu son commandement à ses yeux ;
mais, par suite d'une combinaison nouvelle,
ces deux vaisseaux lui furent enlevés avant le
départ ; il crut de sa dignité de donner sa dé-
mission, que toutefois il finit par retirer. Mais
sa conduite, connue des officiers de la Compagnie, fit naître entre les subordonnés et leur
chef, des sentiments d'antipathie que la connaissance de son incapacité n'était pas faite
pour tempérer, Sous ce rapport, la situation se
trouvait mauvaise, dès le début.

Le comte de Lally, lui, n'était pas étranger à
la Compagnie où il exerçait les fonctions de syn-
dic ; mais il péchait malgré cela par un excès
de brusquerie doublée d'une excessive dureté,
par une soif inextinguible de l'or, et surtout,
par un vif désir du cordon bleu. On pouvait,
de ce côté, redouter un système de vexations
et de rapines qu'il eût été désirable d'éviter.
Mais il convient d'ajouter que, dans les vues
de la Compagnie, le nouveau Gouverneur général de l'Inde avait pour mission de la défendre,
autant contre les ennemis du dedans, que contre
ceux du dehors.

Les ennemis du dedans n'étaient autres que
les propres serviteurs de la Compagnie, enri-

chis de ses dépouilles et qui, n'ayant plus rien
à gagner dans l'état où se trouvaient ses affaires,
n'éprouvaient aucune répugnance à dissimuler
leurs déprédations dans le désordre d'une ruine
générale, provenant du fait des Anglais. Aussi,
les instructions de Lally, à cet égard, portaient
la recommandation de *réformer les abus sans
nombre, la prodigalité outrée et le grand désordre
qui absorbaient tous les revenus.*

On peut admettre que, pour l'accomplisse-
ment d'une mission de ce genre, le caractère
de Lally, bien connu, fut jugé plus utile que
nuisible.

Pour diriger ses investigations, dans le personnel, la Compagnie, très exactement rensei-
gnée sur la moralité de chacun de ses membres,
avait fourni à Lally des notices individuelles,
et presque invariablement chaque notice se
terminait par la phrase : *il ne s'y oublie pas*,
indiquant par là que le fonctionnaire semblait connu pour tirer profit de ses attributions.

Ainsi muni contre l'ennemi intérieur, M. Lally
devait emmener, pour agir contre l'ennemi extérieur, trois mille hommes et six millions de
livres. Au dernier moment, on le traita sem-

blablement à M. d'Aché : on lui retira deux bataillons et quatre millions.

L'expédition débuta sous les plus déplorables
auspices. Au moment du départ, il se produisit
de fausses manœuvres qui amenèrent des avaries ; il fallut les réparer, ce qui amena des re-
tards. On perdit deux mois de cette façon. En
même temps les brutalités de Lally compro-
mirent ses rapports avec d'Aché, et cette mésintelligence, qui ne fit que s'accroître au cours
du voyage, eut ensuite les plus fâcheuses conséquences. De fait, tout alla de mal en pis, tant
en route que plus tard.

On avait mis à la voile en mai 1757.

Le Comte d'Aché montait le *Zodiaque*, vaisseau de 74, où se trouvait aussi le Général Lally,
avec une partie de son État-Major.

Deux mois et demi plus tard, on atterrissait à
Rio-Janeiro, où se produisit un relâche de deux
mois, et l'escadre ne se trouva, qu'à la fin de novembre, en vue de l'Ilè-de-France où, par suite
d'un calme prolongé, on ne put mouiller que
vers le milieu de Décembre.

On y perdit un mois encore, pendant lequel
les équipages et les troupes eurent à souffrir
gravement d'une maladie épidémique, ce qui

n'empêcha pas M. d'Aché de vouloir y attendre la mousson favorable ; mais les autorités de l'île déclarèrent qu'on y manquait de vivres et qu'on ne pourrait fournir, pendant un si long temps la subsistance des équipages et des troupes.

Il fallut aller mouiller à Bourbon et, finalement, on n'arriva à Karikal, c'est-à-dire à trente lieues au sud de Pondichéry, que le 27 avril 1758. Le voyage avait duré près d'un an, et tout ce temps perdu avait permis à l'escadre anglaise, venue d'Europe, de se réunir à celle que commandait l'amiral Pocock dans les mers des Indes. Il en résulta qu'au lieu du succès assuré qu'aurait eu le comte d'Aché sur cette dernière, il fut deux fois battu et obligé d'aller réparer ses avaries à l'Ile-de-France.

Lally et ses troupes avaient été débarqués le 29 avril à Pondichéry où on les accueillit avec la plus grande joie. Ces troupes formaient le régiment de Lally, ayant, en plus, une suite de jeunes gens de famille, volontaires qui furent dispersés dans divers corps avec des brevets d'officiers.

Il y avait, en outre, un détachement du corps royal du génie et de l'artillerie. Antérieurement, on avait reçu un corps spécial de cinq cents hommes et un bataillon du régiment de Lorraine. Ces effectifs, joints aux troupes de la Compagnie, formaient une petite armée sur laquelle on fondait de grandes espérances, attendu que Bussy n'avait pas quitté les Indes et que, sans attendre les renforts pour se remettre en campagne, il avait repris le cours de ses succès dès l'année 1756.

Lally, de son côté, au point de vue militaire, ne manquait pas d'une certaine valeur. Né d'un père irlandais devenu Français après avoir suivi Jacques II en France, ses succès à la bataille de Fontenoy et sa haine contre les Anglais n'étaient point étrangers au choix de sa personne pour aller combattre dans l'Inde. Il put à ce point de vue justifier ce choix, en tant que soldat valeureux ; mais il ne se montra pas à la même hauteur comme tacticien.

Il commença par faire capituler le fort Saint-David, mais au lieu d'aller droit à Madras qui se trouvait découvert, il tourna du côté opposé pour attaquer le Roi de Tanjaour dans sa capitale.

Ce Radjah se trouvait débiteur de fortes sommes envers la Compagnie et possédait de grandes richesses. Il tint bon avec une nombreuse armée indigène commandée par quelques Anglais, et Lally, après des pertes sensibles, dut abandonner son entreprise.

Il s'empara de la ville d'Arcate et des forteresses voisines de Thimery et de Cavéripak. Bref, en moins de trois ans, il livra dix combats et prit dix places ou forts. Il avait rappelé Bussy des provinces du nord, où, avec une petite armée d'Européens, il maintenait depuis plusieurs années les prérogatives de la Compagnie et se montrait le gardien vigilant de nos armes.

Le retour des forces qu'il commandait porta l'armée de Lally à environ quatre mille européens et trois mille cipayes, avec lesquels on marcha sur Madras en décembre 1759.

Dès l'arrivée de Lally, dans l'Inde, les rapports se trouvèrent tendus entre les deux parties, lui d'abord, ensuite le Conseil de la Compagnie qui n'ignorait certâinement pas sa mission quant au personnel, et les dispositions dans lesquelles il se trouvait à son sujet.

Avec le temps, les occasions de désaccord s'étaient produites et n'avaient fait qu'envenimer, de plus en plus, les relations communes. Rien ne révèle mieux l'état où les choses en étaient venues qu'une lettre, écrite par Lally au Gouverneur de Leyrit, de son camp devant le fort Saint-David :

« Cette lettre, monsieur, sera un secret éternel, entre vous et moi si vous me fournissez les moyens de terminer mon entreprise. Je vous ai laissé cent mille livres de mon argent pour vous aider à subvenir aux frais qu'elle exige. Je n'ai pas trouvé, en arrivant, la ressource de cent sous dans votre bourse, ni dans celle de tout votre conseil. Vous m'avez refusé, les uns et les autres, d'y employer votre crédit. Je vous crois cependant tous plus redevables à la Compagnie que moi, qui n'ai malheureusement l'honneur de la connaître que pour y avoir perdu la moitié de mon bien en 1720. Si vous continuez à me laisser manquer de tout, et exposé à faire face à un mécontentement général, non seulement j'instruirai le Roi et la Compagnie du beau zèle que ses employés témoignent ici pour leur service, mais je prendrai les mesures efficaces pour ne pas dépendre, dans le court séjour que je désire faire dans ce pays, de l'esprit de parti et des motifs personnels dont je vois que chaque membre paraît occupé, au risque total de la Compagnie. »

Quels que soient les reproches que l'on puisse adresser à Lally, de son envie contre ceux qui s'étaient enrichis, si l'on observe qu'on ne peut prouver à son égard aucun fait de concussion, on ne saurait contester que sa jalousie ne justifiait par les concussionnaires et ne les absolvait pas du rôle odieux qu'ils avaient assumé, en sacrifiant tous les intérêts de la Compagnie et de la France à leur haine personnelle contre un homme qui, en définitive, combattait de toutes ses forces pour les sauvegarder.

Et en vérité, on comprend, jusqu'à un certain point, les emportements auxquels son tempérament ne lui permit pas de résister, et les violences d'une colère qui ne respecta ni l'âge, ni la distinction des personnes, comme disait un journal du temps, dans l'Inde.

Mais ces personnes respectaient-elles, elles-mêmes, leur âge et leur distinction, en foulant aux pieds tous leurs devoirs ? C'était comme un vertige général de mauvais vouloir, chez tous : la passion personnelle étouffait tout bon sentiment. Il n'en allait pas autrement chez M. d'Aché. Il paraît que si Lally, après la prise du fort Saint-David, n'avait pas marché aussitôt sur Madras, c'était que le Comte d'Aché, dont le concours devenait nécessaire, le lui avait refusé.

Malgré les instances de Lally et du Conseil, le chef d'escadre n'avait pas voulu rester sur la côte de Coromandel, où on lui offrait le ravitaillement nécessaire, tandis qu'il retournait à l'Ile de France, où on ne pouvait rien mettre à sa disposition, et il dut, finalement, aller se pourvoir au cap de Bonne-Espérance.

Aussi ne reprit-il la route de l'Inde qu'un an après, et avant d'arriver à Pondichéry, il rencontra de nouveau l'escadre de l'amiral Pocock. M. d'Aché se trouvait supérieur en nombre, mais l'affaire fut mal engagée ; des vaisseaux de la Compagnie lâchèrent prise, le Commandant fut blessé. Alors, il battit en retraite sur Pondichéry d'où, à peine arrivé, il voulut retourner aux îles. Il prétendait être bien informé que Pondichéry manquait de tout pour les réparations de l'escadre, et même de vivres pour les troupes et les habitants.

Le Conseil lui fit en vain des représentations, au nom de la nation assemblée, le 17 septembre 1759, affirmant que la ville se trouvait en état de pourvoir au nécessaire. Il refusa de se rendre à de si bons arguments, partit et ne revint plus, sans se préoccuper autrement de secourir Pondichéry avant son désastre. Il avait encouru de ce fait une responsabilité qu'on lui fit entrevoir d'avance ; il n'en tint aucun compte et ce fut ensuite sur Lally qu'on porta les torts de d'Aché.

Nous avons dit que Lally s'était porté à l'attaque de Madras en décembre. Le 14, après un combat meurtrier, on resta maître du faubourg dénommé la ville noire, dont on ne put empêcher le pillage. On ouvrit la tranchée contre la ville fortifiée dite fort Saint-George, et, le 1er janvier 1760, commença la canonnade qui causa beaucoup de mal de part et d'autre, sans rien terminer.

C'est de là que Lally écrivit au Gouverneur de Pondichéry : « Si nous manquons Madras, comme je le crois, la principale raison a laquelle il faudra l'attribuer, est le pillage de quinze millions, au moins, tant de dévasté que de répandu dans le soldat, et, j'ai honte de le dire, dans l'officier qui n'a pas craint de se servir, même de mon nom, en s'emparant des Cipayes Chelingües, et autres, pour faire passer à Pondichéry un butin que vous auriez dû faire arrêter, vu son énorme quantité. »

Il n'y a pas à le contester, le mal était général et profond ; le militaire, tout autant que le civil, en était infesté et l'impudeur naïve, avec laquelle il s'étalait, témoignait d'un état invétéré qui avait fini par créer une sorte d'inconscience publique ; de telle sorte qu'en dépit de toutes les sympathies dont on voudrait entourer la mémoire de Bussy, le héros d'une véritable légende indienne, pleine de hauts faits, on ne peut se défendre d'une impression pénible en apprenant le surnom que lui avaient décerné ses contemporains, pour le distinguer des deux autres Bussy, l'un, l'aimable courtisan de la Cour de Louis XIV (Bussy-Rabutin), l'autre, diplomate de la Cour de Louis XV, que l'on appela Bussy-Ragotin, parce qu'il était contrefait.

Et par suite, on ne trouva rien de mieux, pour qualifier le Bussy de l'Inde, que de l'appeler Bussy-Butin, donnant à entendre, par cette épithète malsonnante, quelle était la source de l'extrême opulence qu'on lui connaissait.

Il n'était pas, on peut en juger, un des hommes

à qui le service de la Compagnie ne rapportât une notoriété, même éclatante et des plus honorables, à de certains égards, qui ne fût en même temps entaché d'une qualification d'un autre genre, peu créée pour attirer l'estime.

Pour en finir avec le siège de Madras, le 17 février, une flotte anglaise de six vaisseaux et quelques frégates ayant subitement paru devant la ville, on leva le siège en toute hâte, en enclouant le gros canon, qu'on abandonna, et en faisant sauter une poudrière anglaise dont on s'était emparée. Et cependant, que ne le sût-on, l'arrivée de cette flotte devenait plus nuisible aux assiégés qu'aux assiégants; car elle ne contenait guère que des malades et des affamés venant de Bombay.

L'ère des désastres commençait pour l'Inde française.

Deux mois plus tard, cinq cents hommes, envoyés au secours de Mazulipatam assiégée, se trouvaient aux deux tiers perdus, avec les deux navires qui les portaient. Nous perdîmes encore la Pagode de Cangivarom; mais nous repoussâmes victorieusement une attaque contre Van-Davachy.

Notre prestige diminuait de jour en jour aux yeux des princes indiens qui se détachaient de notre alliance et nous refusaient leur intermédiaire. Bussy avait été détaché, en octobre 1759, auprès de Bassalet-Zingue, frère du Souba du Dekkan, pour obtenir qu'il nous vînt en aide avec son armée. Il ne voulut point s'y prêter.

Trois semaines après l'affaire de Van-Davachy, une mutinerie s'y déclarait, et les soldats, s'emparant de l'artillerie et des drapeaux, vinrent camper hors de la ville où ils laissaient les officiers à l'abandon.

Ils réclamaient une année de solde qui leur était due. Les objurgations, les prières des officiers ne purent les ramener au devoir. Les fugitifs s'étaient choisi de nouveaux chefs, assurant d'ailleurs aux anciens qu'ils se replaceraient sous leurs ordres, en cas d'attaque de l'ennemi.

Lally, informé de cette désertion, à Pondichéry, envoya un parlementaire aux mutins qui se contentèrent, pour le moment, de six mois de paye, moyennant une amnistie signée du Général et du Conseil.

Puis, l'armée alla s'emparer de la Pagode de

Chéringham, à soixante lieues au sud de Van-Davachy, mais, pendant cette expédition, Van-Davachy tomba au pouvoir des Anglais qui mirent ensuite le siège devant Arcate. Heureusement prévenu, Bussy accourut avec trois cents européens et deux mille cipayes qui refoulèrent l'ennemi. Mais, au même temps, nous perdions le fort de Carangouly. Lally, ayant tenté de reprendre Van Davachy, fut repoussé avec pertes et forcé de revenir sous les murs de Pondichéry. Il fallut alors évacuer Chéringham et laisser Arcate se rendre, faute de secours.

Lally perdit alors, à la file, toutes ses meilleures places, Alamparvé, Karikal, Chalembrom, et vit la moitié de ses soldats prisonniers, en même temps que son cercle d'action se rétrécissait de plus en plus. Il se trouva bloqué, à la fin, dans Pondichéry, par quatre mille Anglais, ainsi que par les troupes du Nabab Mahmed-ali-kan, du côté de la terre, et par quinze vaisseaux de ligne, du côté de la mer. Lui, pour faire face à tant de forces différentes, ne possédait pas un bateau ; sa garnison d'environ mille cinq cents hommes, au début, se trouva graduellement réduite à sept cents.

Un blocus de neuf mois réduisit à ce point les vivres qu'on ne trouvait plus un grain de riz, et les soldats ne se nourrissaient plus, en fait de viande, que d'animaux immondes, en fait de légumes, que de cœurs de cocotiers.

Au début, Lally avait fait publier, sous peine de mort, la défense de se rendre ; puis ordonné une recherche rigoureuse des vivres dans les maisons, et même l'Intendant, même les Membres du Conseil, avaient dû la subir. Cette mesure, mal comprise, redoubla l'irritation de ses ennemis personnels ; on affichait, jusque sur sa porte, les placards les plus injurieux.

On lui reprocha de n'avoir pas tenté un coup de main désespéré et cherché la mort dans les batteries anglaises. Nous ne contestons pas qu'il n'eût pu le faire, et nous ne serions pas éloigné de croire qu'une semblable décision, prise à temps, n'eût immortalisé sa mémoire ; mais l'isolement hostile dans lequel la population semblait le tenir, n'était point capable de relever son énergie ; peut-être même le dissuada-t-on d'une résolution semblable qui, plaçant la population sous la griffe brutale du vainqueur, eût provoqué le pillage de ce qu'on voulait sauvegarder, par la garantie d'une capitulation.

Ce fut le Conseil qui prit l'initiative d'obtenir du Général, qu'une démarche ultime fût tentée auprès de l'assiégeant. On assembla un Conseil de guerre et, sur sa décision, on se rendit le 16 janvier 1761. Les Anglais prirent possession de la ville et des forts.

Le Gouverneur de Madras s'était rendu à Pondichéry pour le règlement de la capitulation. Il fit valoir qu'on avait intercepté des instructions envoyées de France à Lally par la Compagnie, lesquelles portaient avis de ne faire aucune condition aux établissements anglais dont on s'emparerait. Il fit également valoir la démolition du fort Saint-David par les Français. En conséquence, il exigea les mêmes rigueurs.

On embarqua prisonniers pour l'Europe, non seulement les troupes, les chefs civils et le Conseil, mais jusqu'au moindre employé de la Compagnie. Puis on se mit à démolir les fortifications, les églises, les maisons et le magnifique palais du Gouverneur, dont les colonnes furent transportées à Madras.

La ville n'étant plus qu'un monceau de ruines, les habitants se dispersèrent un peu partout dans les environs. Ainsi se termina, dans l'Inde, cette lutte intestine où il semblait que chacun se fût étudié à n'avoir que des torts.

Mais, terminée dans l'Inde, elle reprit plus vive et plus ardente à Paris où, en se renvoyant les responsabilités, on prépara le plus tragique des dénouements.

XII

Des récriminations d'une violence exagérée
avaient été échangées, pendant la traversée,
entre les partisans de Lally et ceux du Conseil,
qui se trouvaient sur les mêmes vaisseaux. Les
Anglais durent même protéger le Général qui,
sans cela, fût devenu victime de ses ennemis
implacables.

Ceux-ci, de retour en France, adressèrent
tout de suite une requête au roi, demandant
justice des procédés despotiques et inhumains
de Lally. Un mémoire, joint à la requête, s'ef-
forçait de justifier la conduite du gouverneur
Leyrit et du Conseil, en démontrant que la responsabilité de tout le mal incombait au comte
de Lally.

Lui seul, y disait-on, se trouvait comptable de toute la régie et de l'administration, tant de l'intérieur que de l'extérieur de la Compagnie, ainsi que de tous les revenus des terres et dépendances qu'elle possédait. Lui seul devenait responsable de la perte de Pondichéry, la ville n'ayant été rendue que faute de vivres, et lui seul ayant en mains les moyens de s'en procurer.

En apprenant que ces plaintes avaient impressionné la Cour contre lui, Lally ne craignit pas, par une lettre très ferme au comte de Choiseul, en novembre 1762, de protester énergiquement, et d'engager sa tête en garantie de son innocence.

Mais il fut arrêté, alors que ses accusateurs demeurés libres, et, ligués contre lui par un intérêt commun, pouvaient se concerter à leur aise. Lally demeura quinze mois sans être interrogé.

Cependant, comme il comptait parmi ses protecteurs la marquise de Pompadour, le roi ne voulut pas le juger coupable sans enquête et ne prit qu'une mesure générale.

Rappelant *les pertes si multiples et si funestes éprouvées dans l'Inde, lesquelles auraient été occasionnées par des déprédations, des concussions, des détournements de deniers, il prescrivait que ces délits fussent approfondis par une procédure juridique.*

Cela tendait à découvrir le crime où qu'il fût et le coupable quel qu'il fût ; on peut même ajouter que cette mesure laissait remonter l'enquête aux époques antérieures à Lally ; c'était juste ! Mais, était-ce bien là ce que désiraient ses ennemis que l'enquête menaçait autant, sinon plus que lui ?

Or, précisément, la marquise de Pompadour tomba gravement atteinte du mal dont elle mourut le 15 avril 1764 ; aussi de nouvelles lettres patentes, concernant cette affaire, prouvèrent, qu'à l'influence de la courtisane, avait succédé, auprès du roi, une autre volonté, hostile.

Lally s'y trouvait indiqué comme le seul, ou du moins le principal coupable, ce qui discréditait et annulait, en quelque sorte, les dénonciations d'abus faites par lui contre les agents de la Compagnie à Pondichéry. Leur coalition, en liberté, l'achat des consciences et des influences que leur permettaient les immenses fortunes réalisées dans l'Inde, avaient raison d'un adversaire détenu et impuissant à se défendre.

Ce dut être en vérité, dans ce conflit passionné, un rôle étrange et vraiment répugnant que celui de MM. les Directeurs de la Compagnie, à Paris, sollicités, d'un côté, par leurs agents de l'Inde, bien connus d'eux comme des prévaricateurs et désignés comme tels par eux-mêmes au comte de Lally, afin qu'il les démasquât, et, d'un autre côté, par ce même comte de Lally, que l'exécution de sa mission avait placé dans la plus critique des situations.

Et ces prévaricateurs se trouvant tout-puissants par leur richesse, comment se résoudre à les démasquer? Et leur agent était en prison sous le coup des plus terribles accusations, comment oser le défendre?

Cependant, MM. les Administrateurs savaient, mieux que personne, combien Lally n'avait fait que se conformer à leurs ordres. Comment, sous la réserve de quelques torts personnels de caractère et de tempérament, ne prirent-ils pas sa défense? Comment ne s'approprièrent-ils pas les accusations recueillies par lui, selon leur ordre et pour leur compte, contre leurs agents infidèles de l'Inde? Car, en vérité, il ne s'en trouva pas un seul de puni ou seule-

ment d'inquiété, alors que, seul, l'homme envoyé
vers eux pour découvrir et punir leurs méfaits,
les payait lui-même de sa tête?

Il semblait difficile d'admettre qu'une aussi
monstrueuse bizarrerie ne frappât pas les contemporains désintéressés, et c'est, en somme, le
sentiment qu'exprimait Voltaire, lorsqu'il disait
de Lally que c'était *un homme sur lequel tout le
monde avait le droit de mettre la main, excepté le
bourreau* ; en ce sens que ses façons brutales
donnaient le droit de lui en demander raison,
à tous ceux qu'il blessait ; mais sans que pour
cela, il put, juridiquement, comme fonctionnaire, être traité à l'instar du plus avéré des
criminels.

Cette opinion, justement exprimée, semblait
on ne peut plus fondée sur les résultats mêmes
de l'instruction qui n'avait pas duré moins
de deux années, et pendant laquelle n'avait
certes pas manqué le désir de le trouver coupable.

Bussy s'y était employé avec une passion
qu'on regrette en un homme chez qui l'on
eût aimé voir la grandeur d'âme et le sentiment de l'équité, au niveau de la valeur militaire.

Il se fit l'auxiliaire de ceux qui attaquaient en Lally bien moins le prévaricateur que le dénonciateur de leurs propres prévarications. Cela dut donner à penser sur Bussy lui-même, et en résumé on entrevoit là peut-être la véritable cause de l'oubli et de l'inaction dans lesquels on laissa s'éteindre le héros des campagnes de l'Inde, le marquis de Bussy; car il avait été fait marquis, lui aussi, comme Dupleix.

Il reste acquis que, malgré tout, on ne saurait articuler contre Lally aucun crime entraînant la peine de mort. De haute trahison, il n'y en avait pas, remarque Voltaire, puisque, s'il eût vendu Pondichéry, il serait resté avec les Anglais; de péculat, il n'y en avait pas davantage, puisqu'il ne fut jamais chargé ni de l'argent du Roi, ni de celui de la Compagnie.

Quant aux duretés, abus de pouvoir, oppressions, ses ennemis en alléguèrent beaucoup; mais cela le rendait-il passible de la peine des scélérats ? Non! Il fallait faire disparaître un homme qui savait trop de choses, et qui, quelque jour, aurait pu les dire et les prouver.

Aussi le rapporteur de l'affaire, M. Pasquier, homme très expert en jurisprudence, et non moins subtil, s'efforça de persuader aux juges qu'en un procès de cette nature, hors du cours ordinaire de la Justice, c'était au-dessus de la loi et dans le domaine d'une appréciation d'exception qu'il fallait aller chercher une peine en la proportionnant à l'illustration du coupable.

Il en fut ainsi que le demandait M. Pasquier, et Lally fut exécuté le 6 mai 1766.

Le Roi laissa tout s'accomplir, s'en lavant les mains comme Pilate, sauf à condamner plus tard, lui-même, son inaction du moment, quand il fournit, au fils du condamné, sollicitant la réhabilitation de son père, les pièces secrètes qui eussent dû soustraire celui-ci à l'échafaud, et qui servirent à faire casser l'arrêt du Parlement qui l'avait condamné (1).

On ne vit personne sortir avec honneur de ce long drame, et, si la Compagnie y perdit beaucoup, en argent, elle ne dut certainement rien y gagner en considération.

(1) Sa mémoire fut réhabilitée ensuite grâce aux courageux efforts de Trophime-Gérard, comte de Lally-Tollendal, son fils (1751-1830).

Sous ce rapport, l'administration des Colonies ne semblait pas favorisée décidément, qu'elle se trouvât sous la direction du Roi, ou sous celle de la Compagnie. Quand le procès de Lally commença, on venait à peine de terminer celui des Canadiens.

Bien avant la perte du Canada, consommée en 1763, des plaintes nombreuses avaient été portées à Paris contre l'excès des désordres et malversations qui s'y commettaient journellement. Il en était résulté d'abord l'arrestation du munitionnaire général du Canada, Cadot. Celle de l'Intendant Bigot, qui ne craignit pas de venir à Paris avec un grand air d'assurance, suivit bientôt.

Des lettres patentes ordonnèrent qu'une commission du Châtelet instruirait l'affaire, et l'on vit figurer parmi les inculpés, en outre de l'Intendant Bigot, le gouverneur lui-même, Marquis de Vaudreuil, dix-sept commandants de postes, deux Commissaires de la marine, un Conseiller au Conseil supérieur de Québec, et combien d'autres !

Nous nous bornerons à donner les résultats du jugement. Le gouverneur fut déchargé personnellement, bien que sa faiblesse eût encouragé

le mal ; Bigot, Intendant, Varin, Commissaire
ordonnateur à Montréal, et Bréard, Contrôleur
de la marine à Québec, ne furent punis que du
bannissement, les officiers simplement admo-
nestés ; l'ensemble des restitutions ordonnées
s'éleva à douze millions.

Le public trouva que c'était beaucoup d'indulgence, ce dont les Commissaires s'ex-
cusèrent en alléguant qu'il n'y avait point de
loi qui les autorisât à prononcer la peine de
mort, en pareil cas. Il s'agissait cependant
d'abus, de vexations, de prévarications, comme
dans l'affaire postérieure de Lally, où l'on sut
bien trouver des considérants pour la peine de
mort.

Ajoutons que presque tous les complices de
Bigot eurent de grands adoucissements gracieux
à leur peine. La condamnation de Lally ne
dut-elle pas faire un singulier contraste, à côté
de celles que nous venons d'énumérer ? D'autant
qu'on y vit des façons brutales et despotiques
jugées bien plus sévèrement que le vol et la fri-
ponnerie.

On se rappelait encore le fameux procès de
l'ordonnateur de la Louisiane, M. de Rochemore,
contre le Gouverneur de cette colonie, M. de

Kerlerec, procès qui révéla des abus mons-
trueux ; et ces choses, il convient de l'avouer,
n'étaient pas de nature à donner au public une
haute idée des qualités et vertus administratives
du personnel colonial en général, lequel devait
évidemment prendre une large part dans les
causes de la situation coloniale désastreuse que
donnait à la France le traité final de la guerre
de sept ans.

Aussi donna-t-on le nom de *paix honteuse* à celle
que consacra le traité de Paris signé le 10 février
1763 .

Avait-il cherché à se donner une illusion sur
la nature de ce traité, en invitant son ennemi
à le conclure dans son palais? De fait, le
Roi réunit les plénipotentiaires à Fontaine-
bleau où, pour nous en tenir à ce qui concerne
notre sujet, il accepta des conditions très humi-
liantes, à commencer par le renoncement à
la restitution des navires pris en pleine paix,
contre le droit des gens, cause immédiate de la
guerre.

De plus, la France renonçait à ses prétentions
sur l'Acadie ; elle cédait, en toute propriété, le
Canada à l'Angleterre, l'île du cap Breton, et
toutes les îles du golfe et fleuve Saint-Laurent.

Elle consentait à restreindre son droit de pêche de la morue, et à n'avoir plus, pour sécher le poisson, que les deux petites îles de Saint-Pierre et Miquelon, encore, sous la condition de n'y point construire de fortifications et de n'y pas entretenir plus de cinquante hommes de garde. La Louisiane se trouvait restreinte à la rive droite du Mississipi. Aux Antilles, l'Angleterre, en rendant la Martinique et la Guadeloupe, ne se dessaisissait, sur les îles neutres, que de Sainte-Lucie, à cause de son climat malsain ; en Afrique, elle se réservait, en plus, dans le Sénégal, la portion la plus avantageuse, avec Saint-Louis, Podor, Galam, et donnait à la France, dans l'île de Gorée, la partie la plus ingrate.

Elle rendait, à la côte de Coromandel et d'Orixa, les comptoirs enlevés, mais dans l'état où ils se trouvaient, c'est-à-dire démantelés, dévastés et déserts. C'étaient notamment Pondichéry, Mahé, Karikal, Chandernagor et autres lieux du Bengale. Les Français avaient été longtemps maîtres de Mazulipatam ; ils n'y possédèrent plus qu'un comptoir pour les affaires de commerce.

Ce traité datait de 1763 ; mais la reprise de

possession de nos colonies n'eut lieu qu'en 1765.

Cependant, à Paris, le Gouvernement s'était préoccupé, dès la signature du traité, de rétablir le commerce des Colonies, et il avait invité la Compagnie des Indes à se tenir prête pour le même temps.

C'est à cette époque que se reporte la fameuse et déplorable tentative de colonisation à la Guyane, pompeusement dénommée France équinoxiale.

Sans nous y arrêter, nous en dirons un mot.

Le Chevalier Turgot, auteur du projet, et nommé Gouverneur, y avait expédié douze mille colons volontaires, de toutes classes, en général Alsaciens et Lorrains. M. Chanvallon, Intendant, qui résidait sur le territoire, avait si mal combiné ses mesures, que les cinq sixièmes des émigrants, soit dix mille, ne tardèrent pas à périr de maladie ou de faim.

Les plaintes contre M. de Chanvallon décidèrent M. Turgot à partir. Il n'arriva que pour constater le désastre et procéder à l'arrestation de l'Intendant. De cette hécatombe surgit un nouveau procès du genre de ceux dont nous avons parlé déjà.

Aussi le gouvernement se hâta de restreindre l'affaire et de l'étouffer dans le domaine purement administratif, pour ne pas ajouter un scandale public à ceux des procès coloniaux antérieurs.

XIII

En ce qui concernait la Compagnie des Indes,
l'expérience engagea le Gouvernement à agir
avec réserve, et à moins engager sa responsabilité. Il accueillit, comme quelqu'un qui se sent
fautif, les représentations des actionnaires
osant dire que le Gouvernement devait s'imputer les malheurs de la Compagnie, attendu
que, durant la guerre, les affaires n'avaient
été gérées que sous sa direction.

Le gouvernement, paraissant reconnaître le
bien fondé de ces reproches, invita les actionnaires à délibérer sur la situation, et s'engagea
à tenir compte de leur avis.

Pour eux, fort désorientés, ne sachant trop
quel parti prendre, ils acceptèrent la direction

d'un homme dont la notoriété naissante se rattachait au rayonnement des idées nouvelles que personnifiaient les Économistes, et qui se trouvaient fort discutées en ce moment.

C'était un négociant de mérite, habile écrivain en même temps, en un mot, M. Necker. Il possédait la confiance générale ; il arrivait avec des plans arrêtés qu'il exposa et qui rallièrent tous les intéressés. On comptait sur eux pour enfin rétablir les affaires de la Compagnie.

Dans la première assemblée où l'on prit des résolutions décisives, le 16 juin 1764, on rétrocéda au Roi le port de Lorient, les côtes d'Afrique, les Iles de France et de Bourbon. De son côté, le Roi remit les douze mille actions et les billets d'emprunt dont il se trouvait possesseur, puis laissa aux actionnaires la faculté de prendre, sans l'assistance d'aucuns commissaires royaux, tels arrangements et moyens qu'ils jugeraient convenables pour le rétablissement des affaires.

On nomma donc, en toute liberté de choix, des syndics et des directeurs, avec la mission de prêter leur concours à l'œuvre de M. Necker.

Celui-ci, financier quelque peu de la famille de Law, mais plus pratique et plein de ressources, possédait également son système ; il eut pareillement son papier-monnaie, quand sa renommée, grandissante, lui fit plus tard confier l'administration des finances de l'État.

En attendant, il tenait en ses mains les intérêts de la Compagnie ; et les espérances que lui-même entrevoyait, sans doute, il les fit partager à tous les membres du Conseil des Indes. Il paraissait tellement certain du succès, qu'il n'avait pas craint de fixer le moment où les actions de la Compagnie commenceraient à produire des bénéfices.

C'était promptement s'aventurer, et il fallait que cette grande administration fût bien désorientée et bien aveuglée par ses illusions pour aliéner si complètement, au profit d'une personnalité, la liberté que venait de lui rendre le Roi pour la gestion de son commerce.

Necker n'était certainement pas le premier venu. On commençait à parler de son talent, de son génie même ; mais la Compagnie eût peut-être dû se souvenir que ce n'était pas par pénurie d'hommes de génie qu'elle en était arrivée à la situation où elle se trouvait.

Elle en avait assez usé pour se rendre compte que la bonne gestion d'une Compagnie de marchands n'a rien à gagner aux hardiesses et aux illusions grandioses que comporte le génie.

Un peu de médiocrité, assaisonnée de prudence et de bon sens, de jugement et d'esprit pratique, lui eût été plus profitable. Les hommes d'affaires pour réussir ne doivent pas être de grands hommes.

Ce fut, avons-nous dit, en 1765, qu'eut lieu la reprise de possession des établissements que le traité de 1763 nous rendait dans l'Inde. Le nouveau Gouverneur général qui s'y rendit, était un M. Law. Était-il de la famille de l'auteur du sytème ? Je l'ignore.

Arrivé à Pondichéry, il n'y trouva que des monceaux de décombres, et, dans toute l'étendue de la ville, une végétation sauvage qui s'élevait à hauteur d'homme. Ces ruines étaient devenues, depuis quatre ans, un vaste repaire de reptiles de toutes sortes.

Ce tableau de désolation attendrit, jusqu'aux larmes, les Français venus avec M. Law.

La nouvelle de leur arrivée se répandit promptement, et les anciens habitants qui languissaient réfugiés dans diverses colonies étrangères, revinrent avec empressement dans leurs anciens foyers. On ne tarda pas à relever la plupart des maisons, mais les fortifications demeurèrent encore longtemps dans le même état.

En cette même année 1765, la Compagnie passa un traité d'amitié et de bon voisinage avec le Nabab du Carnate, et s'occupa d'une convention avec le Radjah de Tanjaour pour la rentrée des Français à Karikal.

La restauration de la Compagnie s'était effectuée sous l'impulsion du duc de Choiseul, qui ne perdait jamais de vue son antipathie pour les Anglais, et qui s'intéressait à tout ce qui pouvait les contrarier.

C'est pour ce motif qu'il tenait beaucoup à la reprise des affaires dans l'Inde, et, il lui plaisait fort de voir pronostiquer, par M. Necker, le prompt retour d'une prospérité commerciale.

A Londres, il s'agissait d'attiser, entre le Parlement et les Colonies, la brouille qu'avait suscitée l'impôt du timbre destiné à faire peser sur les Colonies une partie du fardeau des dépenses de la Métropole ; il s'agissait de fomenter les discordes qu'avaient provoquées les attaques de Wilkes contre le Ministère.

Dans l'Inde, on avait saisi l'occasion d'opposer aux Anglais un ennemi redoutable dans la personne de Hyder-Ali-Khan.

Cet homme n'était qu'un aventurier dont l'éducation militaire, accomplie dans les camps français, lui permit de se distinguer en 1753. Investi plus tard du commandement de l'armée du Roi de Mysore, il déposa son souverain, s'empara du trône, et accrut considérablement ses États en luttant contre les Anglais et les Mahrattes. Cela dura de 1767 à 1769, où il menaça si sérieusement Madras qu'il dicta aux Anglais les conditions de la paix.

Cette situation n'eût pas manqué d'être éminemment favorable à une régénération du prestige de la France, par les soins de la Compagnie, si les illusions, qu'avait fait naître Necker dans l'esprit des Directeurs de Paris, eussent pu créer à la Compagnie les ressources dont elle avait besoin ; mais, comme toutes les illusions, elles s'évanouirent après un temps très court, alors que, pour rétablir les établissements ruinés par la dernière guerre, il fallait beaucoup d'énergie et beaucoup d'argent.

En même temps, le crédit du Duc de Choiseul sur le Roi allait déclinant. Son mérite, qui s'était imposé, lui constituait beaucoup d'ennemis dans l'entourage du souverain, et la Dubarry, elle-même, acharnée contre lui, rendait sa disgrâce éclatante à bref délai.

Du reste, si le Duc était prompt à s'éblouir, il ne possédait pas l'entêtement d'un génie n'acceptant jamais les leçons de la vie pratique. Or, l'expérience, en ce qui concernait les affaires de la Compagnie, lui fit bientôt entrevoir la grandeur des sacrifices que, pour les remettre en état, le Roi devrait s'imposer, et le Roi, en fait de richesses, n'accumulait que des dettes.

De là découragement à Paris, dans la Compagnie et chez ses protecteurs ; de là les réclamations des Colonies laissées dans l'abandon, puisque le privilège commercial de la grande maison de commerce ne permettait à nulle autre, si ce n'est à elle, d'y rappeler la prospérité par les affaires.

Il fallait apporter un terme à cette situation, car le privilège de la Compagnie, dont la durée de cinquante ans prenait fin en 1769, marchait rapidement vers sa liquidation ; l'état dans lequel elle se trouvait n'avait rien d'encourageant pour la pousser à en demander le renouvellement, ni le Roi à l'accorder. En un mot, elle se trouvait usée.

La suppression du privilège exclusif, qu'elle

tenait depuis 1719, fut donc prononcée le 13 août 1769, et le Roi, se mettant à son lieu et place, s'empara des ports, des navires, des constructions, des magasins et des esclaves, aussi bien sur la côte bretonne que dans les places et comptoirs de l'Inde ou d'ailleurs.

Désormais, la route et le commerce devenaient libres pour tous au-delà du Cap de Bonne-Espérance. Seulement, les navires, apportant des marchandises de l'Asie, ne devaient les débarquer qu'au port de Lorient où elles payaient un droit d'indult (1).

Il y eut bien encore une velléité de nouvelle Compagnie des Indes, en une association formée pour le commerce de l'Asie, et qu'un arrêt du 14 avril 1785 subrogea pour sept années de paix au privilège supprimé en 1769 ; mais ce ne fut qu'une sorte de dernier râle des institutions de ce genre.

Au fond, il restait absolument logique que des monopoles de cette nature prissent fin, au moment même où le régime monarchique, dont elles avaient reçu l'existence, dont elles représentaient les errements, l'image commerciale,

(1) Droit de monopole.

allait sombrer dans la tourmente révolution-
naire.

La Compagnie des Indes, comme un large
fleuve qui réunit tous les affluents d'une vallée
pour les conduire à l'Océan, avait capté tous
les monopoles commerciaux pour les conduire
à la liberté.

Nous avons dit qu'il existe une logique en
quelque sorte mathématique dans l'enchaîne-
ment des faits principaux qui dominent le développement des évolutions sociales.

Cela se manifeste dans la considération de
cet épisode considérable que fut l'existence de
la Compagnie des Indes au XVIIIe siècle. Elle ne
se présenta pas comme un accident, mais
comme une résultante de la logique des choses.
Sully, au XVIe siècle, avait personnifié la sollicitude agricole; Colbert, au XVIIe siècle, la sollicitude industrielle et manufacturière; Law vint
à son tour, au XVIIIe, mettre en relief l'organisation commerciale. Et il y avait dans l'ordre suc-
cessif des reliefs procurés à ces diverses formes
du travail, la reproduction de leur ordre généalogique naturel.

L'industrie agricole, dit A. Blanqui, est consi-
dérée comme l'ensemble des opérations au

moyen desquelles l'homme recueille, des mains de la nature, les produits sollicités par son travail.

L'industrie manufacturière consiste à donner à des matières brutes ou déjà façonnées une valeur qu'elles n'avaient point, en les modifiant d'une manière qui les rende utiles.

Enfin l'industrie commerciale est celle qui met le produit à la portée du consommateur.

On le voit, tout cela s'enchaîne aussi nécessairement, dans cet ordre, que s'y sont produites les préoccupations économiques de Sully, de Colbert et de Law, et l'ensemble est aussi mathématique que la succession des XVIe, XVIIe et XVIIIe siècles qui s'en constituèrent la scène chronologique.

Aussi n'était-ce pas seulement la liberté commerciale qui naissait à l'expiration de la Compagnie, avec la cessation du monopole commercial ; c'était encore la liberté industrielle avec la dissolution des corporations, la liberté agricole avec l'abolition du servage.

Et remarquez qu'au moment même où se terminait la série des œuvres dont la déduction mène à la richesse ; au moment même où le raisonnement inconscient des faits avait développé jusqu'au bout son syllogisme pratique, et fait de l'économie politique en action ; à ce moment-là même, la science économique surgissait avec une telle ampleur qu'elle est restée comme une des caractéristiques du temps, s'indiquant ainsi comme une sorte de floraison spirituelle de l'évolution des faits.

Cette science de la richesse, comme l'appelle Rossi, cette science qui demeure comme un carrefour auquel se rattachent toutes les autres, puisqu'elle a pour but de combiner les conditions du bonheur des peuples, ce desideratum final des efforts de la vie, cette science se révélait au moment précis où 89 allait ouvrir l'horizon nouveau de la liberté des peuples, et elle fournissait le véritable flambeau qui devait guider dans cette voie, encore inconnue, les ignorances et les décevances de cette liberté.

Enfin, la Compagnie des Indes, concurremment avec d'autres causes, mais représentant la plus puissante de toutes, a pris sa part dans l'œuvre du rayonnement de la France ; et, par là, nous n'entendons pas seulement la dispersion, par le commerce, de ses produits industriels, ou la propagation, par son travail, de l'œuvre colonisatrice ; nous entendons surtout son influence civilisatrice.

Car, plus que tout autre peuple d'Europe, la France double son activité matérielle d'une action morale et répand des idées justes et de bons sentiments en même temps que des marchandises. Cela ne saurait être contesté parce que cela a sa démonstration dans une situation produite par des causes d'ordre naturel.

Nous avons eu l'occasion de remarquer que l'Asie devait ses supériorités originaires diverses à son état de centre continental. Nous pouvons ajouter ici que la France doit de mêmes effets à une même cause.

La France est centre européen, non pas tant par sa situation géographique que par le conflit qui s'est produit en elle de toutes les races européennes.

La supériorité du centre ethnographique sur le centre purement géographique, est évidente, bien qu'en réalité, ce dernier, tout d'abord, mène à l'autre qui n'en est qu'une forme plus évoluée.

Quoi qu'il en soit, le jeu fondamental est le même, et il possède une évolution identique qui n'est autre que celle des formations astronomiques constituées par des foyers, d'abord centripètes, puis centrifuges ou irradiants.

C'est donc parce qu'elle fut centre européen, attirant et combinant les races, que la France a possédé ensuite une irradiation d'effet supérieur ; c'est pour cela qu'elle complique son rayonnement matériel d'influences morales et civilisatrices, tout comme les centres solaires irradient des influences sombres, compliquées de lumière.

Il y a là le secret du rôle de la France et tout d'abord de l'influence attractive qu'elle exerce dans le monde, puis des effets particuliers de son action irradiante partout où elle se fait sentir, sous quelque forme que ce soit.

Car toutes les formes prennent chez elle le ton spécial qui lui est propre et que caractérise une luminosité.

Sans vouloir entreprendre ici un historique des irradiations françaises, et pour ne citer que les plus diverses de leur nature, toutes, produisant un commun effet de progrès moral associé à une œuvre matérielle, je me bornerai à citer les croisades, les émigrations produites par les persécutions religieuses ou politiques, les guerres où nous n'avons eu souvent pour objectif que le triomphe d'une idée, l'action lointaine de nos missionnaires, l'attrait expansif de notre littérature et de nos arts, l'œuvre de nos émigrants de toutes sortes, les uns cherchant isolément aventure, les autres groupés çà et là un peu partout, au milieu de peuples étrangers, conservant le souvenir et le prestige du nom français, créant des foyers aimés du progrès matériel et moral.

Sans compter ces glorieuses personnalités dont M. de Lesseps fut la plus éminente, à qui le sang français semble inoculer le sentiment du devoir d'approprier l'état de la planète au régime futur de faciles, utiles et fraternelles relations entre toutes les races.

Je voudrais pouvoir m'arrêter un moment devant chacun de ces aspects du rayonnement français sur le monde, et je voudrais surtout recueillir les témoignages de toutes nationalités que le sentiment patriotique n'a pas empêché de reconnaître ce rôle universel de la France.

Mon cadre limité ne me le permet pas.

Mais, sans en sortir, je puis insister un peu sur cette pensée de la part que notre œuvre coloniale et commerciale a recueillie dans l'épanouissement français, et, par lui, dans le progrès général.

On a prétendu que nous n'étions pas colonisa-
teurs, sous prétexte que nous aimons à respirer
l'air français. Cependant, les rayons, pour avoir
un bout au centre, n'ont-ils pas gardé l'autre
à la surface de la sphère ? Est-il besoin que
la France soit partout pour que son action soit
universelle ? Qui ne connaît la persistance de
l'empreinte française partout où notre influence
a existé, même momentanément ? Elle date
des croisades la suprématie de la protection
française sur tous les chrétiens d'Orient. Ils sont
encore condensés et vivaces, les souvenirs et
même la langue de la France, partout où les
émigrés protestants se sont groupés à l'étranger, lors de la Révocation de l'Édit de Nantes.

Le Canada, la Louisiane, l'île Maurice ont beau
ne plus faire partie du domaine politique de la
France, ne font-ils pas toujours partie de son
domaine moral ? N'est-ce pas le souvenir des
quelques années, où nous avons été les hôtes de
l'Égypte, qui fait aujourd'hui le fond des résis-
tances à la domination anglaise ?

Et l'Inde, toute britannisée qu'elle est, n'a-t-elle
pas conservé en d'héroïques légendes, les noms
qui font relief dans les annales de la Compagnie
des Indes ?

Il faut se rappeler ce que furent pour nous les Radjahs aux moments de leur indépendance, recherchant notre alliance de préférence à toute autre et favorisant nos établissements au milieu d'eux. Ce fut le célèbre Aureng-Zeb qui nous céda le territoire de Chandernagor ; Haÿder-Ali et son fils Tippoo-Saïb, ont témoigné à notre nation un fidèle attachement. C'est en commandant à la tête de soldats français que ce dernier est mort sur la brèche à Seringapatam.

Tout cela, est-ce autre chose que l'affirmation de nos accointances pacifiques, et même de nos conflits militaires ? Nos amis ou nos ennemis accidentels ont rencontré, d'une manière générale, dans l'esprit français, un je ne sais quoi qui provoque l'estime, en éveillant les sentiments généreux.

J'aime à rencontrer surtout chez les Anglais, nos concurrents sur tous les points du monde, nos envieux et nos détracteurs systématiques, le témoignage de ce quelque chose de spécial à l'esprit français, si éminemment propre à civiliser l'homme.

Il faut lire, à cet égard, le voyage de J. Long, trafiquant anglais, au Canada, en 1768 ; le récit du voyageur Isaac Weld, cherchant à

expliquer *le prodigieux ascendant que les Français ont eu sur les Indiens, tant qu'ils ont été maîtres
du Canada*; et disant : « Un Indien qui cherche
l'hospitalité, préfère, même aujourd'hui (1796),
la chaumière d'un pauvre fermier français, à
la maison d'un riche propriétaire anglais. »

Vous plaît-il d'entendre un moderne? écoutez
l'américain Washington Irving parlant des
mêmes pays :

« Les voyageurs sont généralement de race
française, et ont hérité beaucoup de la gaîté de
leurs ancêtres... Ils ont hérité aussi d'un fond de
civilité et de complaisauce. Au lieu de se traiter mutuellement avec la rudesse et la grossiè-
reté ordinaires aux hommes qui mènent une
vie laborieuse, ils sont toujours prêts à s'obli-
ger réciproquement, se prêtant assistance dans
toutes les occasions, et se servant des appella-
tions familières de cousin et de frère. »

Voilà tout simplement pourquoi ils conservaient de l'ascendant sur le Peau rouge qui se
sentait devenir meilleur à leur contact. Amélio-
rer son semblable est la vraie mission que le
Français tient de la Providence. Ce que je dis
là, Shakespeare le proclamait déjà quand il
appelait le Français : *Le soldat de Dieu*, celui qui,

plus que nul autre, *a combattu selon la Conscience et la Charité.*

En Afrique, et notamment au Sénégal, où le soldat de Dieu s'est trouvé en contact, par ses rapports commerciaux, avec deux races non moins sauvages que la race rouge, le même effet de l'influence française s'est produit. Les Maures de la rive droite du Sénégal ont toujours préféré les relations avec les Français qu'avec tous autres, pour la traite de la gomme, et un grand nombre de nos commandants, à Saint-Louis, ont entretenu les rapports les plus amicaux avec les Rois et les peuples noirs de la rive gauche du fleuve.

On sait les merveilles que M. de Brazza vient d'accomplir, dans ce pays noir, par la seule influence de son génie tout pacifique, de sa loyauté et des qualités toutes françaises qui sont à son éloge et font honneur à la France, en semant, au milieu des populations noires, les germes d'une civilisation qui semblait impossible.

Plus récemment encore, n'avons-nous pas été émerveillés au récit des exploits héroïques du commandant Marchand réussissant, pour des motifs identiques, à étendre l'influence française à travers un territoire immense, en

FIN

DESTENAY, Bussière frères. — St-Amand (Cher).

OUVRAGES À LA MÊME LIBRAIRIE

[...] central, Histoire d'une région de [...]
par Lenoux, archiviste du département [...]
1 vol. grand in-8°, avec 3 cartes [...]

Goulib al-Habacha, des conquêtes faites [...]
au XVIᵉ siècle par Yhmed Muhammad [...]
[...] version française et [...] langue arabe du [...]
ach-Din Ahmad. Publication commencée par A. [...]
l'Institut de France, terminée par [...] Pau [...]
à l'Université de [...]. 1 vol. in-8° [...]

[...] chants populaires scandinaves [...]
traduits scandinaves, par C. Réveau, borbé [...]
Tome I. — Époque sauvage — Chants [...]
grand in-8° [...]

Un historien de l'art français, Louis Courajod [...]
à Marignan, [...] partie — les Temps français [...]
grand in-8° [...]

SAINT-AMAND, CHER. — IMPRIMERIE BUSSIÈRE [...]

www.ingramcontent.com/pod-product-compliance
Ingram Content Group UK Ltd.
Pitfield, Milton Keynes, MK11 3LW, UK
UKHW021920070726
13614UKWH00001B/154